Kernkompetenzen für
das Psychologiestudium

Rosita Haddad-Zubel,
Philipp Wyrsch & Odilo W. Huber

Kernkompetenzen für das Psychologiestudium

Leitfaden für wissenschaftliches Arbeiten

2. überarbeitete Auflage

Bern · Berlin · Bruxelles · Frankfurt am Main · New York · Oxford · Wien

Bibliografische Information Der Deutschen Bibliothek
Die Deutsche Bibliothek verzeichnet diese Publikation in der Deutschen
Nationalbibliografie; detaillierte bibliografische Daten sind im Internet über
‹http://dnb.ddb.de› abrufbar.

Umschlaggestaltung: Thomas Jaberg, Peter Lang AG

2. überarbeitete Auflage

ISBN 978-3-0343-0301-9

© Peter Lang AG, Internationaler Verlag der Wissenschaften, Bern 2009
Hochfeldstrasse 32, Postfach 746, CH-3000 Bern 9
info@peterlang.com, www.peterlang.com, www.peterlang.net

Alle Rechte vorbehalten.
Das Werk einschliesslich aller seiner Teile ist urheberrechtlich geschützt.
Jede Verwertung ausserhalb der engen Grenzen des Urheberrechtsgesetzes
ist ohne Zustimmung des Verlages unzulässig und strafbar. Das gilt
insbesondere für Vervielfältigungen, Übersetzungen, Mikroverfilmungen und die
Einspeicherung und Verarbeitung in elektronischen Systemen.

Inhaltsverzeichnis

Vorwort 9
Vorwort zur überarbeiteten Auflage (2009) 12

1. Übersicht über den Leitfaden 13
   - 1.1. Ziel 13
   - 1.2. Organisation des begleitenden Seminars 13
   - 1.3. Behandelte Themen 14
   - 1.4. Zeitplan 15
   - 1.5. Symbol-Legende 15

2. Lesen 17
   - 2.1. Wissenschaftlichkeit von Texten 17
     - 2.1.1. Charakteristika wissenschaftlicher Texte ... 17
     - 2.1.2. Unterschiede zwischen verschiedenen Wissensstandards 19
     - 2.1.3. Kriterien zur Bewertung einer wissenschaftlichen Fragestellung 20
     - 2.1.4. Wissenschaftliche Hypothesen 21
     - 2.1.5. Verschiedene Arten wissenschaftlicher Artikel ... 23
   - 2.2. Aufbau eines empirischen Journalartikels 24
     - 2.2.1. Hauptelemente 24
     - 2.2.2. Titel 24
     - 2.2.3. Abstract 24
     - 2.2.4. Einleitung 25
     - 2.2.5. Methode 26
     - 2.2.6. Ergebnisse 27
     - 2.2.7. Diskussion 27

      2.2.8. Danksagung (Acknowledgements) 28
      2.2.9. Literaturverzeichnis (References) 28
  2.3. Vorgehensweise beim Lesen 29
      2.3.1. Allgemeine Vorgehensweisen beim Lesen 29
      2.3.2. Konzentriertes Bearbeiten 29
      2.3.3. Arbeitstechnik „Literatur lesen" 30

3. Suchen 33

  3.1. Themenfindung und -eingrenzung 33
  3.2. Strategie zur Literatursuche 35
  3.3. Informationsquellen in Bibliotheken 38
      3.3.1. Literatur-und Büchersuche
            auf dem Bibliotheksinformationssystem 38
      3.3.2. Bücher zu einem Thema finden 39
      3.3.3. Standort einer Zeitschrift ausfindig machen 40
      3.3.4. Artikel in der *Elektronischen
            Zeitschriftenbibliothek* suchen 40
      3.3.5. Hilfe bei der Literatursuche 41
  3.4. Informationsquellen in Fachdatenbanken 42
      3.4.1. Psychinfo 42
      3.4.2. PSYNDEX 43
      3.4.3. Medline 43
      3.4.4. Aufgabe Literatursuche 44
  3.5. Informationsquellen im Internet 45
      3.5.1. Allgemeine Informationssuche im Internet 45
      3.5.2. Spezialisierte Sites in Psychologie 47
      3.5.3. Andere Hilfsmittel 48
      3.5.4. Allgemeine Tipps 49

4. Schreiben 53

  4.1. Vorgehensweise 53
      4.1.1. Ziele und Funktionen von Seminararbeiten 53
  4.2. Zusammenfassung von Literatur 57

4.3.	Aufbau der Arbeit	57
	4.3.1. Titelblatt	58
	4.3.2. Inhaltsverzeichnis	58
	4.3.3. Zusammenfassung	58
	4.3.4. Einleitung	59
	4.3.5. Hauptteil	59
	4.3.6. Diskussion	59
4.4.	Formale Anforderungen	60
	4.4.1. Umfang und Layout der Arbeit	60
	4.4.2. Tabellen und Abbildungen	60
	4.4.3. Fußnoten	61
4.5.	Zitierregeln	62
	4.5.1. Dokumentieren und richtig zitieren	62
	4.5.2. Quellenangaben im Text	63
	4.5.3. Abkürzungen, Konjunktionen und Kommaregeln	63
	4.5.4. Beispiele zu Quellenangaben	64
4.6.	Literaturverzeichnis	66
	4.6.1. Allgemeine Regeln	66
	4.6.2. Bücher	68
	4.6.3. Zeitschriftenartikel	68
	4.6.4. Elektronische Medien	68
	4.6.5. Weitere Quellen	69
	4.6.6. Gedächtnisstützen: APA-Normen für die Referenzliste	70
APA-Normen für die Referenzliste		70
	4.6.7. Persönliche Literaturdatenbanken	74
	4.6.8. Checkliste für das Verfassen von Arbeiten	74
5. Vortragen		77
5.1. Vorträge vorbereiten und strukturieren		78
	5.1.1. Zweck – Warum halte ich den Vortrag?	78

        5.1.2. Zielpublikum –
               Wer wird meinem Vortrag zuhören? 78
        5.1.3. Inhalt –
               Wie werde ich präsentieren? 78
        5.1.4. Durchführung –
               Wie präsentiere ich den Vortrag? 79
        5.1.5. Ort und Zeit –
               Wo und wann findet der Vortrag statt? 80
        5.1.6. Handout 80
   5.2. Aufbau eines Vortrags 81
        5.2.1. Beginn 81
        5.2.2. Hauptteil 83
        5.2.3. Ende 83
        5.2.4. Publikumsfragen beantworten 84
   5.3. Auftreten 85
        5.3.1. Präsentieren – Kommunizieren 85
        5.3.2. Wirkung auf das Publikum 86
        5.3.3. Visuelle Hilfen 88
        5.3.4. Lampenfieber 89
   5.4. Übung: Gruppenkurzvortrag halten 92

6. Literaturverzeichnis 93

7. Anhang: Feedback 95

Vorwort

Suchen, Lesen, Schreiben, Vortragen. Können wir das nicht alle schon seit der Grundschule?

Wie in der Entwicklungspsychologie beobachtet wurde, müssen wir bereits erarbeitete Kenntnisse jeweils in der Fachsprache mit den zur Verfügung stehenden neuen Mitteln wieder erwerben, um sie zu besitzen.

Im Rahmen des Psychologiestudiums an der Universität Freiburg wird seit Jahren für alle Studierenden im Grundstudium ein Seminar zu grundlegenden wissenschaftlichen Arbeitstechniken angeboten. Geleitet von Tutoren werden Kernkompetenzen praxisnah für das Psychologiestudium vermittelt. Diese hier beschriebenen Techniken sind jedoch nicht nur für alle Studierende der Psychologie im deutschsprachigen Raum anwendbar und mit der didaktischen Form eines Tutorensystems vermittelbar; sie sind vom Inhalt und der Ausrichtung unabhängige, unumgängliche Prinzipien für einen internationalen Austausch wissenschaftlicher Erkenntnisse.

Seit langem schon ist es ein Bedürfnis, das begleitende Arbeitsmaterial als Leitfaden in Form eines kleinen Handbuches herauszugeben, um den Studierenden und allen Interessierten ein kompaktes Hilfsmittel an die Hand zu geben, auf das sie sich auch in den weiteren Studienjahren beziehen können. Es fasst Techniken zur Bewältigung verschiedener Aspekte wissenschaftlicher Kommunikation zusammen: neben dem Lesen wissenschaftlicher Literatur werden Fragen zur Literatursuche und dem Verfassen von Studienarbeiten und dem Vortragen behandelt. Die Besonderheit dieses Handbuchs besteht in der heute nicht mehr trennbaren Vernetzung des aktuellsten Wissenschaftsstandes mit den aktuellsten technischen Hilfsmitteln der Computer-Suchmaschinen und deren sowohl schriftlichen als auch mündlichen Kommunikationsmethoden.

Lesen, Suchen, Schreiben, Vortragen von Fachliteratur für Psychologen. Der erste Teil ist darauf ausgerichtet, dem noch neuen Leser einer Disziplin klar zu machen, wie zu ein und demselben Thema ein wissenschaftlicher Artikel von Allgemeinwissen eindeutig unterschieden werden kann; wie effizient gelesen wird und wie auf die verschiedenen theoretischen, methodologischen und analytischen Fragestellungen schon beim Lesen immer wieder Bezug genommen werden sollte.

Im zweiten Teil führt die Suche durch klassischere Nachschlagwerke; das Hauptinteresse dieses Kapitels liegt jedoch im Wegführer durch den Dschungel der modernen Suchmaschinen, in dem der wissenschaftlich noch unerfahrene Studierende sowohl den Gefahren als auch den überwiegenden Vorteilen der Internetsuche oft schutzlos ausgeliefert ist. Es wird ihm dabei geholfen, mit einer systematischen Vorgehensweise und einer eingrenzenden Fragestellung den Pfad zu spezifischen Informationen und wissenschaftlichen Daten zu finden.

Die zwei letzten Kapitel sind kommunikationsspezifisch: wie wird das beim Lesen und Suchen erarbeitete Wissen weitervermittelt und welche unumgängliche Regeln muss der Studierende beachten, um sich durch seinen Beitrag zum Wissensstand zu einem kontribuierenden Mitglied der Fachschaft zu erheben? Schreiben und Vortragen werden hier als gleichwertig in der globalen Kommunikationsstrategie des Wissenschaftsstandes betrachtet, denn das Handwerk des zukünftigen Psychologen besteht daraus, diesen sowohl durch schriftliche Beiträge als auch durch Lehre und Kommunikationen bei internationalen Kongressen verständlich weiterzugeben.

Die hier grundlegende, didaktische Konzeption empfiehlt eine Anwendung der Kenntnisse: im Rahmen des Seminars werden Studierende aufgefordert, die erarbeiteten Grundtechniken im Suchen, Lesen, Schreiben auf den öffentlichen Vortrag eines wissenschaftliches Themas anzuwenden. Dieser Vortrag wird gefilmt, von Mitstudierenden bewertet und dient folglich zur Einschätzung und Verbesserung eigener Leistungen. Verständlicherweise erzielen auch erfahrene Lehrer durch diese Selbstbeobachtung eine verbesserte Mitteilungskraft.

Ein Dankwort: Unter meiner Leitung hat sich Philipp Wyrsch verlässlich eingesetzt die langjährigen Erkenntnisse und Erfahrungen aus dem Seminar in diesem Handbuch zusammenzufassen. Odilo W. Huber hat den Text weitgehend inhaltlich und sprachlich überarbeitet und einleitende Kommentare zu den Kapiteln ergänzt. Tutoren und Studenten haben im Laufe der Jahre den Inhalt regelmäßig ausgewertet und vor allem persönlich bereichert und ergänzt, so dass das vorliegende kleine Handbuch auch ein Wegführer von Studierenden für Studierende ist. Ich hoffe, dass der Inhalt dieses Buches allen Psychologiestudenten nicht nur die Anfangsphase des Studiums erleichtert, sondern auch im weiteren Studienverlauf als kleines Nachschlagwerk nützlich ist und wünsche mir, dass durch Bemerkungen und Kritik sowohl das Buch als auch der Leser sich dynamisch weiterentwickeln.

Rosita Haddad Zubel
rosita.haddad@unifr.ch

Vorwort zur überarbeiteten Auflage (2009)

Schneller als erwartet war die erste Auflage dieses Buches vergriffen. Offensichtlich ist die Nachfrage nach einem kompakten Handbuch für Kernkompetenzen wissenschaftlichen Arbeitens groß. So gab es nicht nur Anfragen von Psychologiestudenten der Universität Fribourg, sondern auch aus anderen deutschsprachigen schweizer Kantonen und aus Deutschland, sowohl von Sozial- als auch von Erziehungswissenschaftlern. Neben Studenten des ersten Jahres stieß das Buch auch bei fortgeschritteneren Studierenden und sogar bei Doktoranden auf Interesse. Um allen Anfragen rechtzeitig zum Semesterbeginn entsprechen zu können, haben wir uns vorläufig für eine kurze, jedoch gründliche Überarbeitung und keine komplette Neuauflage entschieden. Dabei haben wir auch in Betracht bezogen, dass das hier einheitlich gestaltete und angepasste Handwerk der Arbeitstechniken die geographische Wanderungen der Studenten über den deutschsprachigen Raum erleichtern kann.

Mein Dank an Peer Manske und Dominic Vogt, deren Erfahrungen als Studenten, Tutoren und Erstbenutzer wesentlich zur inhaltlichen und sprachlichen Überprüfung und Erweiterung beigesteuert haben. Dr. Thomas Henkel, Verantwortlicher der Kantonalsbibliothek Freiburg, Schweiz, hat die zeitgerechte Anpassung der Literatursuche angegliedert. Dank ihrer Mitarbeit und auch Dank zahl- und hilfreicher Kommentare von Seiten der Seminarteilnehmer wurde die dynamische Weiterentwicklung des Leitfadens in diesem Umfang ermöglicht. Wir hoffen, dass dieser überarbeitete Leitfaden es in noch besserer Weise ermöglicht, Studierenden die sowohl nützlichen als auch notwendigen Grundregeln zu vermitteln und somit das formelle Gerüst zu inhaltlich gelungen Arbeiten darstellt.

Juli 2009   Rosita Haddad Zubel
                                                     rosita.haddad@unifr.ch

1. Übersicht über den Leitfaden

1.1. Ziel

In diesem Leitfaden sollen die Grundlagen für das wissenschaftliche Arbeiten vermittelt werden. Folgende Fragen werden dabei behandelt:

- Wie beurteile ich, ob ein Text wissenschaftlich ist?
- Wie finde ich ein Thema für meine Seminararbeit?
- Wie finde ich die Fachliteratur zu meinem Thema?
- Wie gehe ich beim Lesen vor?
- Wie schreibe ich eine Seminararbeit?
- Wie bereite ich einen Vortrag vor?

1.2. Organisation des begleitenden Seminars

Im Rahmen eines Seminars kann der vorliegende Leitfaden als Unterrichtsstoff verwendet werden. Um eine individuelle Betreuung der Studierenden zu ermöglichen, ist es sinnvoll das Seminar von Tutoren leiten zu lassen. Als Lernkontrolle dient das Halten von Vorträgen anhand der von den Studenten selbst gefundenen Literatur.

1.3. Behandelte Themen

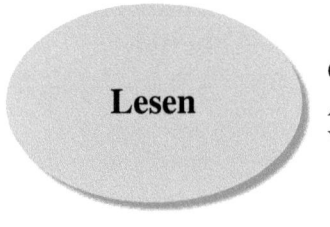

Charakteristika wissenschaftlicher Texte
Aufbau eines empirischen Journalartikels
Vorgehensweise beim Lesen

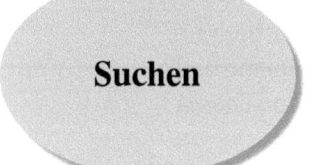

Themenfindung und -eingrenzung
Vorbereitung auf die Literatursuche
Informationsquellen in Bibliotheken
Informationsquellen in Fachdatenbanken
Informationsquellen im Internet

Vorgehensweise
Zusammenfassung von Literatur
Aufbau der Arbeit
Formale Anforderungen
Zitierregeln
Literaturverzeichnis

Vorträge vorbereiten und strukturieren
Aufbau eines Vortrags
Auftreten
Kurzvortrag halten

1.4. Zeitplan

Hier ein Vorschlag, wie die verschiedenen Themenblöcke eingeteilt werden können:

Tabelle 1: *Strukturvorschlag eines Seminars für Arbeitstechniken*

Woche	Thema/Themenblock
1	Einführung in das Seminar, Wissenschaftlichkeit von Texten
2	Aufbau eines empirischen Journalartikels, Vorgehensweise beim Lesen
3	Informationsquellen in Bibliotheken (Fachdatenbanken)
4	Informationsquellen im Internet
5	Zusammenfassung von Literatur, Themenfindung und -eingrenzung
6	Vorgehensweise, Aufbau der Arbeit
7	Formale Anforderungen, Zitierregeln, Literaturverzeichnis
8	Vorträge vorbereiten und strukturieren, Aufbau und Auftreten
9–12	Kurzvortrag halten mit Videoaufzeichnung und Besprechung

1.5. Symbol-Legende

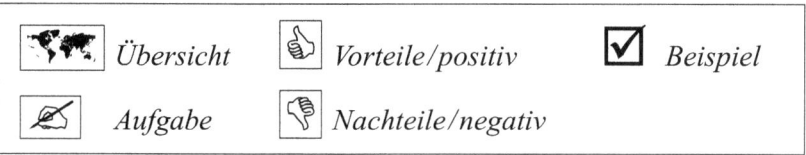

Abbildung 1: *Im Buch verwendete Symbole*

2. Lesen

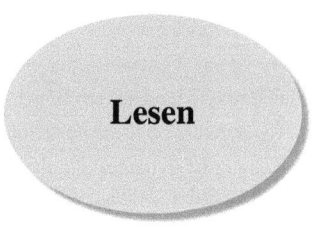

– Wissenschaftlichkeit von Texten
– Aufbau eines empirischen Journalartikels
– Vorgehensweise beim Lesen

2.1. Wissenschaftlichkeit von Texten

Um einen ersten Eindruck zu bekommen, was einen wissenschaftlichen Text ausmacht, ist es sinnvoll, einen wissenschaftlichen Fachartikel mit einem Zeitschriftenartikel zum gleichen Themenbereich zu vergleichen. Dabei fallen zuerst formale Eigenschaften ins Auge.

2.1.1. Charakteristika wissenschaftlicher Texte

Tabelle 2: *Wissenschaftliche Artikel vs. Populäre Texte*

Wissenschaftlicher Artikel	Populäre Texte
Klarer und formaler Aufbau	Verschieden
Zusammenfassung/Abstract	Sofortige Einleitung
Einteilung in Kapitel	Eher fortlaufender Text
Definition des Themas	Eher Beispiele
Fachtermini	Wenig, manchmal Vermischung der Begriffe (z. B. Sozialphobie und Schüchternheit)
Nennung von Studien	Keine oder unvollständige Quellenangaben
Einbezug empirischer Daten	Eher unsystematische Einzelfalldarstellung
Vollständige Quellenangaben	Keine oder unvollständige Quellenangaben
Diskussion und Schlussfolgerungen	Eher Tipps und Tricks
Alle Referenzen	Zum Teil weiterführende Literatur

Wissenschaftlicher Artikel	Populäre Texte
Autor ist ein Wissenschaftler	Autor ist ein Journalist
Zielpublikum sind andere Wissenschaftler	Zielpublikum ist breite Öffentlichkeit
Anregungen für weitere Forschungen	Zielpublikum ist im Fokus, nicht Forschung
Forschung ist so dargestellt, dass sie nachvollziehbar, wiederholbar und kritisierbar ist	Text soll vor allem unterhaltend sein, kann aber auch lehrende, moralische und politische Aspekte enthalten
Bei einem empirischen Artikel werden Hypothesen geprüft	Es wird immer bereits vorhandene Literatur verwendet

Wissenschaftliche Qualität von Texten

Wie in Tabelle 2 ersichtlich, gibt es gravierende strukturelle Unterschiede zwischen einem wissenschaftlichen und einem populären Text, wobei wir dem wissenschaftlichen Text grundsätzlich einen höheren wissenschaftlichen Wert zumessen. Gibt es aber Unterschiede zwischen verschiedenen wissenschaftlichen Texten? Um diese Frage beantworten zu können, ist ein Verständnis des Vorganges wissenschaftlicher Publikation notwendig. Dieser wird im folgenden kurzen Exkurs umrissen.

Exkurs: Das *peer-review* System

Das Ziel wissenschaftlicher Publikation ist die Verbreitung wissenschaftlicher Ergebnisse. Es kann jedoch nicht von vornherein davon ausgegangen werden, dass ein bestimmtes wissenschaftliches Ergebnis auch einen Erkenntnisgewinn bedeutet. So könnten zum Beispiel bei empirischen Untersuchungen falsche Operationalisierungsmethoden oder falsche Auswertungsmethoden angewandt worden sein. Darüber hinaus können ideologische Positionen der Verfasser (z.B. rassistische Positionen, die die Überlegenheit bestimmter Gruppen annehmen) Interpretationen verfälschen. Die Ergebnisse solcher Publikationen können nicht bedenkenlos als bestätigt übernommen werden.

Das *peer-review* System ist die gebräuchlichste Möglichkeit, wissenschaftliche Qualität zu überprüfen. Es wird hauptsächlich bei wissenschaftlichen Journalen angewandt. Diese haben einen oder mehrere Herausgeber. Wenn ein Wissenschaftler einen Beitrag veröffentlichen möchte, sendet er diesen an die Herausgeber. Diese prüfen zuerst, ob der Artikel den formalen Standards der Zeitschrift (Länge, Kapitelaufteilung, etc.) und dem Themenbereich der Zeitschrift entspricht. Ist das der Fall, wird der Artikel an einen oder mehrere andere Wissenschaftler, die in demselben Forschungsgebiet arbeiten, zur Begutachtung weitergegeben. Diese erstellen detaillierte Gutachten zu Stärken, Schwächen und Fehlern des Artikels und empfehlen dem Herausgeber die direkte Veröffentlichung, eine Revision (Verbesserung des Artikels) oder die Ablehnung. Der Herausgeber teilt seine Entscheidung (mit angefügten Gutachten) dem Autor mit. Im Fall einer Revision kann der Autor seinen Artikel mit Hilfe der Gutachten verbessern und dann erneut einreichen. Darauf wird der revidierte Artikel erneut begutachtet.

Tabelle 3: *Wissenschaftliche Texte und Art der Begutachtung*

Publikation	Inhalt	Begutachtung durch	Qualität
Renommierte wissenschaftliche Journale	Neue Erkenntnisse	Mehrere Experten	Meist hoch
Lehrbücher von anerkannten Verlagen	Anerkannte Forschungsergebnisse	Herausgeber und Verlag	Meist hoch
Monographie	Verschiedenes	Verlag	verschieden
Universitäre Arbeiten (Bachelorarbeiten, Seminararbeiten etc.)	Verschiedenes	Betreuer	verschieden, unbekannt
Sonstige Publikationen (z.B. private Publikationen im Internet)	Verschiedenes	unbekannt	unbekannt

2.1.2. Unterschiede zwischen verschiedenen Wissensstandards

Wie kann man wissenschaftlich fundiertes Wissen von Allgemeinwissen und Mythos oder Ideologie abgrenzen? Folgend einige Kriterien, die dabei helfen können.

Tabelle 4: *Verschiedene Arten von Wissen im Überblick*

	Wissenschaftlich fundiertes Wissen	*Allgemeinwissen*	*Ideologien/Mythen*
Offenheit für Erfahrung	Aussagen einer Theorie (Hypothesen) werden gezielt getestet	Subjektive Theorien können durch spezifische Erfahrung korrigiert werden	Rhetorik ist so formuliert, dass jedes Ereignis zur Theorie passt
Art der Überprüfung	– Objektiv – Systematisch – Kontrolle von potentiellen Fehlerquellen	– Subjektiv – Zufällig – Keine gezielte Kontrolle von potentiellen Fehlerquellen	Infragestellen und Zweifel werden negativ bewertet
Weitere Merkmale	– In vorhandene Wissenssysteme integrierbar – Gewissheit bleibt im Prinzip immer vorläufig	– Eingebettet in Netz von Alltagstheorien und Erfahrungen – Subjektive Gewissheit	Eingebettet in ideologisches/mythologisches System Glauben/subjektive Gewissheit

Aus: Perrez, M. (1998).

2.1.3. Kriterien zur Bewertung einer wissenschaftlichen Fragestellung

Welche Fragen sollten Sie sich stellen?

- Ist die Fragestellung fruchtbar?
- Ist die Fragestellung genügend präzise?
- Ist die Fragestellung empirisch untersuchbar?
- Gibt es ethische Bedenken?
- Was bleibt von der ursprünglichen Untersuchungsidee übrig?

Ziel ist eine aussagekräftige, herausfordernde Forschungsfrage, auf die man in der Arbeit eine Antwort finden will. Es kann sich z.B. um eine Interpretation von empirischen Ergebnissen handeln, eine Analyse von Theorien oder Standpunkten.

Merkmale

- Klar
- Präzise
- Unvoreingenommen

☑ *Beispiele*

Ungerichtet: „Haben Prüfungsängste einen Einfluss auf die Schulleistung?"
Gerichtet: „Führen Prüfungsängste zu Leistungseinbußen?"

Falls sich die Fragestellung als schwach erweist, sollten Sie weiter Information suchen und die Fragestellung neu formulieren.

2.1.4. Wissenschaftliche Hypothesen

Definition

- Eine Hypothese ist eine vermutete Antwort auf eine wissenschaftliche Fragestellung.
- „Sie ist, etwas präziser formuliert, eine beliebige Aussage, die man *provisorisch* für bestimmte Zwecke als wahr annimmt, auch wenn man nicht oder zumindest nicht genau weiss, ob sie wirklich wahr ist oder nicht" (Huber, 2005, S. 32).

Kennzeichen

Hypothesen...

- beruhen auf vorhandenen Erkenntnissen oder sind mit ihnen verträglich
- haben die Formalstruktur eines Konditionalsatzes (*wenn-dann*-Satz, *je-desto*-Satz)
- haben vorläufigen Charakter
- sind potentiell falsifizierbar (prinzipiell widerlegbar)

- haben überprüfbaren Charakter:
  - Operationalisierbarkeit
  - Widerspruchsfreiheit
  - Kritisierbarkeit
  - Detaillierte Formulierung *vor* der Datenerhebung

(Perrez, 1998)

Generierung von Hypothesen

Induktiv: von Einzelereignissen zu allgemeinen Vermutungen
Hierbei werden Hypothesen aufgestellt, indem mögliche allgemeingültige Gesetze oder Regeln aus der Beobachtung von einzelnen Ereignissen abgeleitet werden.

 *Beispiel*

Ich belohne meinen Hund, wenn er einen Befehl ausführt.

Beobachtung: Er zeigt dieses Verhalten von nun an häufiger.

Abgeleitete *Vermutung:* Die Konsequenzen eines Verhaltens verändern dessen Auftretenswahrscheinlichkeit.

Deduktiv: aus einer Theorie werden spezielle (neue) Vermutungen abgeleitet.
Hierbei werden aus einer Theorie für einen größeren Sachbereich Vorhersagen für eine spezifische Situation abgeleitet, die zum Geltungsbereich der Theorie gehört.

 *Beispiel:* Die Konsequenzen eines Verhaltens beeinflussen dessen Auftretenswahrscheinlichkeit.

Abgeleitete *Vermutung:* Damit mein Hund einen gewünschten Befehl häufiger ausführt, muss ich ihn nach jeder erfolgreichen Ausführung belohnen.

2.1.5. Verschiedene Arten wissenschaftlicher Artikel

Explorative Studie

Erste Hypothesengenerierungen in einem bislang wenig/nicht erforschten Untersuchungsgebiet.

Fallstudie

Anhand eines Einzelbeispiels werden auf qualitativer Ebene Informationen zu einem bestimmten Fall generiert. Fallstudien eignen sich nicht zur Hypothesenprüfung.

Experiment

Experimente haben das Ziel, eine oder mehrere Hypothesen zu überprüfen. Durch die Publikation werden die Ergebnisse anderen Forschern und Praktikern zugänglich gemacht.

Theoretischer Übersichtsartikel (Review)

Theoretische Übersichtsarbeit über ein bestimmtes Thema, wobei ein narrativer Ansatz gewählt wird, um den aktuellen Forschungsstand in einem bestimmten Bereich zu dokumentieren.

Metaanalyse

Zusammenfassung der Ergebnisse verschiedener Untersuchungen über ein gemeinsames Thema, um auf statistischer Ebene einen Überblick über den aktuellen Forschungsstand zu bekommen.

(Bortz & Döring, 1995)

2.2. Aufbau eines empirischen Journalartikels

2.2.1. Hauptelemente

- Titel   Konstrukte, Variablen, Schlüsselbegriffe
- Abstract   Kurzzusammenfassung
- Einleitung   Problematik, Fragestellung
- Methode   Instrumente, Design, Stichprobe
- Ergebnisse   Hypothesenprüfung, Darstellung
- Diskussion   Interpretation, Schlussfolgerung
- Danksagung   optional
- Literatur   Referenzen

2.2.2. Titel

- zentrale Konstrukte und wichtige Schlüsselbegriffe müssen im Titel enthalten sein
- Variablen und Beziehungen zwischen den Variablen – Thema resp. Kernproblem
- Andeutungen zur Stichprobe

☑ *Beispiel* Ursachen von steigender Jugendkriminalität
- Schlüsselworte (keywords) benutzen
- kurz und aussagekräftig formulieren

Als Alternative kann der Titel auch als Frage formuliert werden.

2.2.3. Abstract

Der Abstract ist der meist gelesene Teil eines Artikels. Er ist in Fachdatenbanken gespeichert und stellt eine kurze Zusammenfassung des Artikelinhalts (ca. 200 Worte) dar. Zweck dieser Zusammenfassung ist die schnelle Erfassung der wesentlichen theoretischen und methodischen Ansätze der Studie. Der Abstract gilt als Entscheidungshilfe, ob der Artikel für eine eigene Arbeit wichtig ist. Im Abstract werden auch die zentralen Schlüsselworte (keywords) und Ergebnisse genannt.

Abstract einer empirischen Studie

– Problemstellung (ein Satz)
– Fragestellung (ein Satz)
– Stichprobe (Stichprobengröße, Alterszusammensetzung, Geschlechterverteilung)
– Unabhängige Variablen, Gruppen, Typologien etc. (ein Satz)
– Methode: Operationalisierung, Design, Messinstrumente (zwei bis drei Sätze)
– Zentrale Ergebnisse (ein bis zwei Sätze)
– Schlussfolgerung

2.2.4. Einleitung

Erster Abschnitt

– Einführung in Problemstellung, Sinn, Zweck und Ziel der Studie

Folgende Abschnitte

– Darstellung des aktuellen Forschungsstandes mit wichtigen theoretischen Positionen und empirischen Ergebnissen
– Hintergrund der Studie, Antworten auf Fragen wie:
  – Was ist der Kernpunkt der Studie?
  – Welche theoretischen Bezüge werden hergestellt?
  – Welche früheren Studien sind für die vorliegende Studie relevant?
– Absicht und Logik der Studie:
  – Wie verhalten sich die Hypothesen und das (experimentelle) Design zur Problemstellung?

- Wie wurden die theoretischen Aussagen in früheren Untersuchungen geprüft?
- Wie werden Hypothesen für die vorliegende Untersuchung hergeleitet?

Schlussparagraph und Überleitung zum methodischen Teil

- Welche Variablen sind unabhängige Variablen?
- Welche Variablen sind abhängige Variablen?
- Hypothesen: Welches sind die zu erwartenden Ergebnisse und wie ist die Begründung dazu?

2.2.5. Methode

Inhalt

- detaillierte Beschreibung
  - Durchführung
  - Statistische Fragestellungen und Hypothesen
    - Messinstrumente
    - Stichprobe
    - Design
    - Operationalisierung
- Der Abschnitt soll alle notwendigen Angaben enthalten, um gegebenenfalls eine Replikation der Studie durchführen zu können.

Ziel

Der Leser soll Folgendes beurteilen können:
- Angemessenheit der verwendeten Methode (d. h. ist es logisch, dass diese Methode verwendet wird?)
- Reliabilität und Validität der Ergebnisse

Elemente der einzelnen Unterkapitel

- Statistische Fragestellung und Hypothesen
- Beschreibung der Stichprobe (participants)
- Operationalisierung, Design (longitudinal, experimental etc.)
- Messinstrumente, Apparaturen, Fragebögen
- Durchführung (procedure)

2.2.6. Ergebnisse

Ziel

- Beschreibung der gewonnenen Daten
- Hypothesenprüfung mittels statistischer Analyseverfahren
- Rechtfertigung von Schlussfolgerungen: Dazu werden die Ergebnisse detailliert hergeleitet und mit statistischen Kennwerten belegt.

Elemente

- Deskriptive Darstellung der Ergebnisse (Wie groß sind diese durchschnittlich und für die Stufen der UVn), evtl. mit Verweis auf Tabellen und Abbildungen
- Tabellen und Abbildungen (grafische Darstellung der Resultate)
- Beschreibung der verwendeten inferenzstatistischen Verfahren (z. B. ANOVA) und deren Ergebnisse (Statistische Präsentation (Statistische Power, Statistische Signifikanz, Effektgröße etc.)

2.2.7. Diskussion

Evaluation und Interpretation der Ergebnisse im Zusammenhang mit den zu Beginn formulierten Fragestellungen und Hypothesen. In diesem Teil werden die Ergebnisse in den in der Einführung aufgeworfenen theoretischen Zusammenhang gestellt und vor dem Hintergrund der gewonnen Ergebnisse diskutiert.

- Was hat die Studie zum Erkenntnisgewinn beigetragen?
- Wurde die zu Beginn aufgeworfene Problemstellung „gelöst"? Mit welchem Hauptergebnis wird dies belegt? Wie lässt sich dies aus dem Hauptergebnis schließen? Dazu argumentieren, welche technischen Aspekte der Operationalisierung das Ergebnis aussagekräftig machen. Wie verläuft die Argumentation und Interpretation?
- Welche Schlussfolgerungen lassen sich aus den Ergebnissen ziehen und welche theoretische Bedeutung haben diese?

2.2.8. Danksagung (Acknowledgements)

Dieser Teil ist optional und kann auch als Fußnote dargestellt werden. Inhalt sind Informationen zur:

- Förderung/Unterstützung
- Finanzierung
- Hilfreiche Beiträge von Personen, die nicht zu den Autoren gehören

2.2.9. Literaturverzeichnis (References)

Im Literaturverzeichnis soll die verwendete Literatur zugänglich gemacht werden. Dazu wird die gesamte verwendete Literatur nach einem standardisierten Ordnungssystem aufgeführt.

2.3. Vorgehensweise beim Lesen

2.3.1. Allgemeine Vorgehensweisen beim Lesen

- Das Ziel der Autoren verstehen
- Gleichzeitig auf Fehler (Argumentation, Operationalisierung, Auswertung) achten
- Sich fragen, ob man mit dem Autor übereinstimmt
- Rückbezüge bilden:

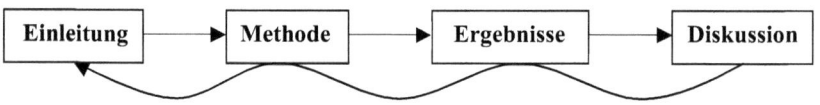

Abbildung 2: *Mögliche Vorgehensweise beim Lesen*

Fragen, die man sich beim Lesen stellen sollte:
- Sind die Schlüsse logisch?
- Ist die Fragestellung sinnvoll und informativ?
- Ist sie richtig hergeleitet?
- Sind die Methoden angemessen?
- Sind die Ergebnisse verständlich und richtig dargestellt?
- Werden sie richtig interpretiert (mit Bezug zur Fragestellung)?

2.3.2. Konzentriertes Bearbeiten

Erprobte Methoden für effizientes Bearbeiten von Lesestoff lassen sich für das Lesen von Artikeln anpassen.

Gründlich arbeiten, besonders, wenn Zeitmangel herrscht. Einmaliges, konzentriertes Bearbeiten bringt mehr als zehnmaliges „Anschauen":

1. Versuchen, die Zusammenfassung zu verstehen und sich fragen, ob man das schon vorher gewusst oder zumindest angenommen hat.

2. „Überfliegen" des Artikels. Lesen der einzelnen Abschnitte und jeweils der ersten und letzten Sätze eines Abschnitts, um einen allgemeinen Eindruck davon zu bekommen, wie der Artikel aufgebaut ist.

Anschließend *für jeden Textabschnitt* folgende Schritte durchgehen:

3. Sich zu Beginn eines Abschnitts eine auf die Überschrift bezogene Frage stellen. Den Abschnitt lesen, um ihn zu verstehen und die Frage zu beantworten.
4. Aufschreiben, was die Hauptaussage des Abschnittes ist und versuchen, die Aussage mit dem Kontext in Verbindung zu bringen. Manchmal ist es notwendig zu übersetzen, zurückzublättern und einige Textteile nochmals zu lesen.

Am Ende des Kapitels:

5. Das Kapitel noch einmal kritisch überdenken. Den Text noch einmal durchgehen, die zentralen Punkte heraussuchen und farbig hervorheben. Ebenso Definitionen, Namen von Autoren, wichtige Begriffe und allgemein Lesenswertes jeweils in einer eigenen Farbe markieren.
   – Sind die Ergebnisse verständlich und richtig dargestellt?
   – Werden sie richtig interpretiert (mit Bezug zur Fragestellung)?

2.3.3. Arbeitstechnik „Literatur lesen"

Ziel ist es, empirische Journal-Artikel zu einem bestimmten Thema auszuwählen, zu lesen, zu verstehen und zu bewerten.

Ablauf beim Lesen

1. Lesen des Titels. Entscheiden, ob die Studie interessant oder wichtig sein könnte.
2. Falls ja: lesen des Abstracts. Sind die Informationen wirklich relevant für die eigene Arbeit?
3. Falls ja: Lesen der Diskussion (dort findet man die Resultate und deren Bedeutung).
4. Lesen der Einleitung (gibt einen guten Überblick über den aktuellen Forschungsstand in diesem Bereich und Hinweise auf andere Studien, die in diesem Zusammenhang interessant sein könnten).
5. Wenn Zweifel an der Korrektheit der Daten bestehen, die Ergebnisse anderer Studien widersprechen oder selbst ein ähnliches Experiment durchgeführt wird, ist es sinnvoll, den Methodenteil auch zu lesen, um das Vorgehen auf mögliche Fehler zu überprüfen.

Hinweis: Das Literaturverzeichnis einer Studie bietet die Möglichkeit, mehr Wissen zu einzelnen, spezifischen Bereichen einzuholen oder die Suche auf verwandte Themen auszudehnen.

3. Suchen

 – Themenfindung und -eingrenzung
- Strategie zur Literatursuche
- Informationsquellen in Bibliotheken
- Informationsquellen in Fachdatenbanken
- Informationsquellen im Internet

3.1. Themenfindung und -eingrenzung

Beim Schreiben einer Arbeit steht die Themenauswahl am Anfang. Bei der *Themenwahl* sollte man sich, soweit möglich, von seinen Interessen leiten lassen, die Machbarkeit sowie der Nutzen für das weitere Studium müssen jedoch mitbedacht werden. Bei der Themenwahl gibt es nach Huber (2000) folgende Vorgehensweisen:

1. Das Thema stammt aus einem breiten Interessengebiet:

    - Ausgangspunkt: Übersichtsartikel und Lehrbücher
    - Gefahr: Sich im Material verlieren (welche Theorie ist vorhanden?)
    - 👎 Aufwand sehr groß

2. Mindestens eine relevante Literaturposition ist vorhanden:

    - Ein aktueller Artikel ist vorhanden oder gefunden worden
    - Ansatzpunkte für Fragestellungen im Artikel suchen
    - Wissenschaftliche Gegenposition (Vergleich)
    - Auswirkungen einer Theorie auf Anwendung

- Neuinterpretation von anderen Forschungsergebnissen
- Übersichtsartikel später unter diesen Gesichtspunkten heranziehen
- 👍 effizient, zeitsparend, kein Ausufern der Materialsuche

Bevorzugen Sie wenn möglich die zweite Vorgehensweise. Überblicksliteratur führt meist sehr breit und wenig detailliert in einen Themenbereich ein. Dadurch wird es sehr schwierig, ein Thema zu finden, das spezifisch genug ist, damit es in einer kürzeren Arbeit sinnvoll behandelt werden kann. Um eine fundierte Arbeit zu schreiben, müssen Sie in den meisten Fällen Details von Theorien und empirischen Untersuchungen kritisch diskutieren; diese Details fehlen jedoch in aller Regel in Überblicksliteratur. Dies erschwert es Ihnen, eine gute Arbeit zu schreiben (siehe 4.1).

Zur *Themeneingrenzung* sollten Sie das Thema in Haupt- und Nebenaspekte gliedern, d. h. eine Einteilung nach Wichtigkeit vornehmen, um Relevantes von weniger Relevantem zu trennen. Dabei kann eine Mindmap eine wichtige Hilfe darstellen (siehe unten).

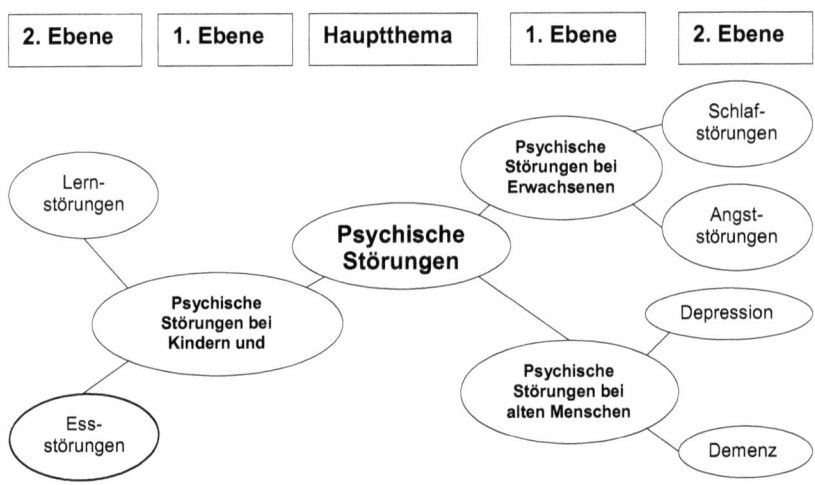

Abbildung 3: *Beispiel für verschiedene Spezifitätsebenen*

Fragen bei der Themeneingrenzung (Huber, 2000):
- Ist das Thema spezifisch genug oder noch zu breit?
- Ist das Material oder die Idee themenrelevant?
- Argumentiere ich auf meine spezielle Fragestellung hin?
- Welche Begriffe und Theorien brauche ich für meine Argumentation?
- Muss ich Begriffe oder Theorien erklären oder sind sie bekannt?
- Kann ich auf Literatur verweisen?
- Was will ich am Ende in der Arbeit dargestellt haben?

3.2. Strategie zur Literatursuche

Für die Literatursuche sind mehrere Faktoren bestimmend. Neben inhaltlichen Aspekten wie Informationsquellen und Schlüsselwörtern (keywords) ist die Organisation der Suche und die Suchstrategie wichtig. Diese Aspekte werden im Folgenden dargestellt, wobei die drei wichtigsten Arten von Informationsquellen und deren konkrete Benutzung ab 3.3 beschrieben werden.

Schlüsselwörter (keywords)

Schlüsselwörter sind Begriffe, die in der Forschung zu einem Themenbereich zentral sind und die regelmäßig in den Titeln und Abstracts von Arbeiten aus dem Themenbereich vorkommen. Erst die Suche mit wichtigen Schlüsselwörtern ermöglicht es, die relevante Literatur zu finden. In den meisten Themenbereichen dominiert englischsprachige Literatur, so dass neben deutschen auch englische Schlüsselwörter gefunden werden müssen.

Suchprotokoll

Ein Suchprotokoll, am besten in Form einer Liste, erleichtert zielgerichtete Suche und vermeidet Wiederholungen. Ein Suchprotokoll enthält die Informationsquellen, in denen gesucht wurde und die jeweils verwendeten Schlüsselwörter. Dazu werden das gefundene Material und eine kurze Bewertung des Suchergebnisses angegeben. Das vollständige Suchergebnis mit allen Angaben zum Material und den Abstracts soll getrennt vom Suchprotokoll gesammelt werden, weil das Protokoll sonst unübersichtlich wird. Im Protokoll genügt die Angabe der Autoren und des Erscheinungsjahrs der gefundenen Arbeiten.

Verwendung gefundener Dokumente

Bei der Beurteilung und Verwendung von Dokumenten muss zwischen deren wissenschaftlichem Wert und dem Wert für die Suche selbst unterschieden werden.

Der wissenschaftliche Wert von Dokumenten wurde oben in 2. beschrieben. Relevant für die spätere Bearbeitung des Themas selbst ist nur Literatur mit gesichertem wissenschaftlichem Wert.

Dokumente können jedoch auch zur Verbesserung der Suche selbst verwendet werden. Dabei spielen auch Quellen eine Rolle, die keine direkten Informationen zum Thema enthalten, wie Homepages von Forschern oder Institutionen oder andere Internetquellen.

Suchstrategie

Im Folgenden wird eine Suchstrategie vorgeschlagen, die in mehrere Schritte mit unterschiedlichen Zielsetzungen gegliedert ist.

1. Eine Fragestellung formulieren, auf die die zu suchende Literatur Antwort geben soll. Die Formulierung der Fragestellung erleichtert die Einschätzung, ob gefundene Dokumente relevant sind oder nicht. Das Ausscheiden irrelevanter Dokumente ist wichtig, damit man sich nicht im Material verliert. Die erste Fragestellung kann im Verlauf der Suche geändert werden, wenn sie sich z. B. als zu breit erweist.

2. Wenn schon Material vorhanden ist, dieses zur Suche verwenden. Dazu gehören nicht nur Artikel und Lehrbücher, sondern auch Internetseiten und Homepages von Forschern auf dem Gebiet. Auf diesen Seiten ergeben sich oft Anknüpfungspunkte (z.B. welche anderen Forscher zu diesem Thema etwas publiziert haben).
3. Keywords auswählen und zur Suche in Fachdatenbanken einsetzen. Oft bleibt dies unbefriedigend, weil das eigentlich relevante Keyword nicht bekannt ist. Dafür gibt es drei Lösungsmöglichkeiten:
   A. In zitierten, wichtig erscheinenden Artikeln, nach Keywords suchen.
   B. Unstrukturierte Internetsuche: Das vorhandene Keyword in Suchmaschinen eingeben und die gefundenen Quellen auf neue passende Keywords prüfen.
   C. Zielgerichtete Internetsuche: z.B. Homepages von Wissenschaftlern ansehen, die in der vorhandenen Literatur genannt sind oder von wissenschaftlichen Vereinigungen, die sich mit dem Thema befassen. Dort gibt es oft Hinweise auf relevante Autoren oder Keywords.
4. Erste Ergebnisse der Literatursuche speichern, dann die Abstracts lesen.
5. Immer möglichst neue Literatur bevorzugen. In dieser werden oft frühere Entwicklungen in der Forschung zu dem Thema zusammengefasst, was das Lesen älterer Arbeiten überflüssig macht. Ausserdem auf die Publikationsorgane achten. In international sehr wichtigen Journalen (z.B. der APA oder der DGP) veröffentlichte Arbeiten sind meist für das Thema aussagekräftiger als in unbekannten Publikationsorganen veröffentlichte. Wichtige Journale sind in der Regel eher in Bibliotheken verfügbar.
6. Eine Auswahl von viel versprechenden Artikeln aus dem gefundenen Material treffen und diese getrennt vom gesamten gefundenen Material speichern.
7. Wenn die Ergebnisse zu breit sind, Fragestellung verändern und keywords anpassen.

8. Wenn die Artikel nicht in der Bibliothek verfügbar sind, zuerst im Internet danach suchen (z. B. auf scholar.google.com). Das spart oft Gebühren für Fernleihe von Artikeln. Zur Suche sollten verschiedene Informationsquellen genutzt werden, wovon die drei wichtigsten Typen (Bibliotheken, Fachdatenbanken, Internet) unten dargestellt sind.

3.3. Informationsquellen in Bibliotheken

3.3.1. Literatur- und Büchersuche auf dem Bibliotheksinformationssystem

Nachschlagewerke → Überblick, Einstieg ins Fachgebiet

– Lexika, Enzyklopädien etc.

Bücher → Suchsysteme:

– Computerisierter Katalog
– Katalog mit Karteikarten

Zeitschriften und Zeitungen → aktuellster Forschungsstand

– Verzeichnis der bibliothekseigenen Zeitschriften
– Zeitschriftenbibliografien
– Zeitschrifteninhaltsbibliografien
– Verzeichnis der Online-Zeitschriften

Weitere Quellen → Ton-, Videokassetten, CD-ROMs etc.

3.3.2. Bücher zu einem Thema finden

Bücher werden über den Online-Katalog (OPAC) der jeweiligen Bibliothek gesucht.

Bibliotheksverzeichnisse

Schweiz
www.switch.ch/libraries
www.ichschweiz.ch

Deutschland
www.hbz-nrw.de/produkte_dienstl/germlst/

Vorgehen

- Den Online-Katalog (OPAC) über die oben genannten Verzeichnisse oder die Homepage der Bibliothek öffnen
- Suchbegriff eingeben
- In der Trefferliste den gewünschten Titel wählen
- Das Dokument über den entsprechenden Link/Knopf bestellen oder über die genannte Signatur im Freihandbereich aufsuchen

Metakataloge

Metakataloge ermöglichen die gleichzeitige Abfrage mehrere Bibliothekskataloge. Für die Recherche in Bibliothekskatalogen in Deutschland, Österreich und der Schweiz eignet sich der Karlsruher Virtuelle Katalog: http://kvk.uni-karlsruhe.de
Tipp: Nur diejenigen Kataloge auswählen, die wirklich Sinn machen.

Empfehlungen zur Literatursuche

- Nach Möglichkeit englische Suchbegriffe eingeben
- Rechtschreibung beachten
- Begriff im Singular und Plural eingeben
- Begriff schrittweise eingrenzen: Allgemein → Spezifisch

3.3.3. Standort einer Zeitschrift ausfindig machen

Wichtig: Einzelne Zeitschriftenartikel werden in der Regel in Bibliothekskatalogen nicht verzeichnet. Man kann nur nach der Zeitschrift und einzelnen Bänden suchen. Die Angaben, in welchem Band und auf welchen Seiten sich der Artikel befindet, findet man in den Fachdatenbanken (vgl. 3.4.).

Zeitschriften werden ebenfalls im Online-Katalog der Bibliothek gesucht. Ergibt die einfache Suche (vgl. 3.3.2.) zu viele Treffer, muss die Suche auf Zeitschriftentitel eingeschränkt werden. Je nach Katalog werden dazu unterschiedliche Funktionen angeboten: Stichwortsuche Zeitschriftentitel, Titelanfang Zeitschriften, Indexsuche Zeitschriftentitel etc.

Landesweite Suche nach Zeitschriften

Spezielle Suchinstrumente erlauben die Recherche nach Zeitschriften in allen großen Bibliotheken eines Landes. Über die Fernleihe (Dienstleistungsangebot der eigenen Bibliothek) können Fotokopien der Artikel bestellt werden. Teilweise ist auch eine Lieferung per E-Mail möglich.

Schweizer Zeitschriftenportal – SZP: www.swiss-serials.ch
Zeitschriftendatenbank – ZDB (Deutschland und Österreich):
www.zeitschriftendatenbank.de

3.3.4. Artikel in der elektronischen Zeitschriftenbibliothek suchen

In der Psychologie werden viele wissenschaftliche Zeitschriften auch oder ausschließlich in elektronischer Form publiziert und sind gratis oder kostenpflichtig über Internet zugänglich. Für die Universitätsangehörigen sind viele dieser kostenpflichtigen E-Journals über das Uni-Netz ebenfalls frei zugänglich, da die Bibliothek eine Campus-Lizenz erworben hat. Die Online-Zeitschriften sind oft jedoch nur teilweise oder gar nicht im Bibliothekskatalog verzeichnet. Die meisten Bibliotheken im deutschsprachigen Raum verwenden die *Elektronische Zeitschriftenbibliothek* für den Zugang zu den elektronischen Zeitschriften: http://rzblx1.uni-regensburg.de/ezeit/

Die *Elektronische Zeitschriftenbibliothek* verzeichnet sämtliche elektronisch erscheinenden wissenschaftlichen Zeitschriften mit den Zugangsberechtigungen der jeweiligen Institution:

Grün = frei zugänglich
Gelb = abonnierte Zeitschrift, Zugriff für die entsprechende Institution
Rot = kein Zugriff

Vorgehen

– Über die Homepage der Bibliothek oder den oben genannten Link die Seite der *Elektronischen Zeitschriftenbibliothek* öffnen
– Im Aufklappmenü der Startseite, die eigene Bibliothek wählen. Wenn Sie über das Uni-Netz auf die Seite zugreifen, wird Ihre Bibliothek automatisch ausgewählt.
– Über die Schnelle Suche (linke Seite) die Zeitschrift suchen
– Den Titel der gewünschten Zeitschrift anklicken
– Auf der Homepage der Zeitschrift den benötigten Band anklicken
– Im Inhaltsverzeichnis den gewünschten Artikel anklicken und herunterladen

Je nach Zeitschrift ist die Anordnung etwas anders organisiert.

3.3.5. Hilfe bei der Literatursuche

Die meisten Hochschul- und Universitätsbibliotheken bieten unter dem Stichwort *Informationskompetenz* Schulungen an, in denen die notwendigen Fähigkeiten vermittelt werden, die zur effizienten Benutzung der zur Verfügung gestellten Informationsressourcen notwendig sind. Diese Schulungen können auch in die einzelnen Studiengänge integriert werden.

Beispiele Schweiz

UB Bern: www.ub.unibe.ch/content/dienstleistungen/schulungen_fuehrungen
KUB Freiburg: www.unifr.ch/biblio/kurse
HBZ Zürich: http://www.hbz.uzh.ch/index.php?option=content&task=view&id=187&Itemid=92

Beispiele Deutschland

UB Freiburg: www.ub.uni-freiburg.de/schulung
UB Heidelberg: www.ub.uni-heidelberg.de/schulung
UB Konstanz: www.ub.uni-konstanz.de/serviceangebote/teaching-library.html

3.4. Informationsquellen in Fachdatenbanken

3.4.1. Psychinfo

Psychinfo ist eine der wichtigsten Datenbanken für psychologische Veröffentlichungen in Zeitschriften und Büchern. Sie wird herausgegeben von der APA und deckt Literatur breit ab dem 19. Jahrundert ab. Nähere Informationen finden Sie unter http://www.apa.org/psycinfo/about/. Sie ist von Universitäten mit psychologischer Ausbildung aus zugänglich und sollte Ihre erste Wahl bei der Literatursuche sein.

Sie bietet bibliographische Beschreibungen, Schlagwörter und meist Abstracts der Arbeiten. Der Zugang unterscheidet sich in verschiedenen Bibliotheken, sie ist meist unter dem Menüpunkt „Datenbanken" zu finden.

Für deutschsprachige Autoren ab 1977 gibt es spezifisch die Datenbank Psyndex. http://www.zpid.de/index.php

Wichtigste Abkürzungen in Psychinfo

DT	Art der Literaturangabe:	*Journal Article* oder *Book Chapter*
TL	Titel der Literaturangabe:	*Phenomenal characteristics....*
AU	AutorInnen mit Name und Vornamen:	*Destun, Lisa; Kuiper, Nicholas*
SO	Source (Quelle der Literaturangabe):	*Name des Journals* oder *Titel des Buches*, in dem der Artikel/das Kapitel zu finden ist.
PY	Erscheinungsjahr	
AB	Abstract:	*Zusammenfassung des Inhalts* mit den wichtigsten Angaben zu Fragestellung, Stichprobe, Methode, Instrumente, Ergebnissen und Schlussfolgerung

3.4.2. PSYNDEX

PSYNDEX verzeichnet die ab 1977 erscheinende psychologische Literatur (Bücher und Zeitschriftenartikel) im deutschsprachigen Raum. Die Datenbank wird vom *Zentrum für Psychologische Information und Dokumentation* (www.zpid.de) erstellt, das auch für einen kostenpflichtigen Zugang für Privatpersonen anbietet. Hochschulangehörige können in der Regel über das Uni-Netz auf eine der zahlreichen Abfrageoberflächen (u.a. OvidSP und WebSPIRS) auf die Datenbank zugreifen.

Bei PSYNDEX können für die thematische Recherche sowohl englische als auch deutsche Begriffe verwendet werden. Die englischen Schlagwörter sind dabei mit denjenigen von PsycINFO identisch. Thematische Recherchen aus PsycINFO können daher sehr einfach auf PSYNDEX übertragen werden.

3.4.3. Medline

Medline weist seit 1966 medizinische Fachpublikationen (Zeitschriftenartikel) nach. Dabei werden auch medizinische Randgebiete wie Psychologie abgedeckt. *Medline* gibt es unter dem Namen *PubMed* (www.pubmed.gov) als Gratisdatenbank. Viele Hochschulen haben daneben Zugriff auf kostenpflichtige Versionen mit unterschiedlichen Suchoberflächen, die aber oft mehr Funktionen bieten, als die Gratisversion.

3.4.4. Aufgabe Literatursuche

 Ziel ist es, einen Journalartikel zu finden, der einen interessiert und der als Basis für weitere Aufgaben im Kurs dienen soll (Zusammenfassungen, Vortrag)

1. Thema suchen, das einen interessiert und worüber man mehr erfahren möchte
2. 2–3 Keywords als Suchbegriffe dazu überlegen
3. Mit den gewählten Keywords eine eigene kurze Fragestellung formulieren, auf die man während der Lektüre eine Antwort finden möchte
4. Literatursuche (falls keine Treffer → Suchbegriff ändern)

 Literatursuche im Internet starten

1. Mit Hilfe von Suchmaschinen im Internet mit den Begriffen (keywords) eine Anfrage starten
2. Dokumentieren, wie viele Treffer die Maschine gefunden hat
3. So viele Treffer ansehen, bis Folgendes gefunden ist:
   a. Wissenschaftliche Publikation
   b. Eine Rezension einer wissenschaftlichen Publikation
   c. Eine Homepage einer Forschungseinrichtung
4. Dokumentieren, an welcher Stelle der angezeigten Treffer diese Informationen zu finden waren: wissenschaftliche Qualität dieser Treffer beurteilen
   a. Reihenfolge/Kombination der Suchbegriffe
   b. Anzahl Literaturangaben pro Suchlauf etc.

3.5. Informationsquellen im Internet

3.5.1. Allgemeine Informationssuche im Internet

Strategien

1. Art von Information definieren
2. Hilfsmittel auswählen
   – Allgemeine Suche: Suchmaschine, Metasucher
   – Suche in einem spezifischen Gebiet: thematischer Index
   – Spezialisierte Website
3. Geeignete Schlüsselwörter benutzen und die Recherche beginnen
4. Wenn mit den Schlüsselwörtern keine Treffer gemacht werden:
   – Suchbegriffe ändern: Synonyme, andere Sprache
   – Begriffe schrittweise eingrenzen
   – Regeln der Suchwortkombinationen beachten
5. Suche falls nötig weiter verfeinern
6. Dokumentation/Beantwortung der folgenden Fragen:
   – Reihenfolge und Kombination der Suchbegriffe?
   – Wie viele Treffer?
   – An welcher Stelle der angezeigten Treffer ergeben sich relevante Informationen?
   – Wissenschaftliche Qualität?
7. Drucken/Speichern der gefundenen Literatur

Suchmaschinen

– Hohe Anzahl von angegebenen Websites
– Hohe Geschwindigkeit

– Keinerlei Qualitätsgarantie
– Limitierte Abdeckung
– Zunehmend kommerziell

 *Beispiele*

International
Google: www.google.com
Live-Search: www.live.com
Yahoo: www.yahoo.com

Wissenschaftliche Suchmaschinen
Google Scholar: http://scholar.google.com
Scirus: www.scirus.com
Oaister: www.oaister.com (Institutionelle Repositorien)
Base-Search: www.base-search.de (Institutionelle Repositorien)

Metasucher

Metasucher erlauben eine simultane Suche mit mehreren Suchmaschinen

 Geschwindigkeit

 Wenig geeignet für komplexe Suche

 *Beispiele*

MetaCrawler (http://www.metacrawler.com)
Search.com (http://www.search.com)
Dogpile (http://www.dogpile.com)

Thematischer Index

Thematische Indizes liefern Adressen, klassifiziert nach Kategorien und Unterkategorien

 Qualität der Informationen
Websites über ein bestimmtes Thema befinden sich in der gleichen Kategorie

 Geringer Abdeckungsgrad im Internet
Langsame Aktualisierung
Klassifizierungskriterien nicht immer klar

 Beispiel
Open Directory Project (http://dmoz.org)

3.5.2. Spezialisierte Sites in Psychologie

Es gibt eine Vielzahl spezialisierter Sites in Psychologie. Die folgende Auswahl berücksichtigt nur sehr wenige aber wichtige Webseiten und verzichtet ausdrücklich auf Vollständigkeit. Alleine mit diesen wenigen Links gelangt man an eine Vielzahl von Informationsquellen und damit auch auf weitere Linkseiten und Portale.

WiFaPsy – Virtuelle Fachbibliothek Psychologie
http://fips.sulb.uni-saarland.de/port.htm

WiFaPsy ist Teil des interdisziplinären Internetportals für wissenschaftliche Informationen *VASCODA* (www.vascoda.de). Neben einem ausführlichen Linkverzeichnis wird unter anderem der Volltextserver *PsyDok* (http://psydok.sulb.uni-saarland.de) angeboten.

Zentrum für Psychologische Information und Dokumentation
www.zpid.de

Neben der kostenpflichtigen Datenbank *PSYNDEX* (vgl. 3.4.2.) bietet die Website unter der Rubrik *Internet* zahlreiche Ressourcen für die Recherche im Internet an, darunter die psychologische Suchmaschine *PsychSpider* (www.zpid.de/PsychSpider.php) und ein ausführliches Linkverzeichnis *(PsychLinker).*

FU Berlin – Psychologische Fachinformationen im WWW
www.ub.fu-berlin.de/internetquellen/fachinformation/psychologie

Ein ausführliches Linkverzeichnis mit vielen Ressourcen die über die FU Berlin hinausweisen.

Psychology Virtual Library
www.vl-site.org/psychology

Die Psychologie-Seite der *World Wide Web Virtual Libray* (http://vlib.org) enthält eine Fülle von Links zu unzähligen Arten wissenschaftlicher Informationen auf dem Internet.

3.5.3. Andere Hilfsmittel

Personen per E-Mail anfragen

- Suche der E-Mail-Adresse
    - Spezialisierte Sites
- MESA (http://mesa.rrzn.uni-hannover.de)
- Four11 (http://www.four11.com)
- WhoWhere (http://www.whowhere.com)
    - Suche auf der Website der jeweiligen Institution, bei der die betreffende Person arbeitet

Diskussionsforen

- Verschiedene Diskussionskategorien (usenet, newsgroup)
  - Alt, misc, bionet, comp, sci, talk, news, soc…
- Teilnahme an Newsgroups
  - Netscape, Outlook Express, Outlook…
- Starten einer Suche in einer Newsgroup
  - Google (http://groups.google.com)

Expertenanfrage

- Experten eine Frage stellen (automatisiert)
  - AskJeeves (http://www.ask.com)
- Experten eine Frage stellen (an eine Person)
  - AllExperts (http://www.allexperts.com)
  - Experts Yahoo (http://experts.yahoo.com)

Datenbanken (databases)

- Die Datenbanken werden normalerweise nicht von den Suchmaschinen angezeigt und für Zutritt muss zum Teil bezahlt werden
- Site, welche Datenbanken angibt
  - CompletePlanet (http://www.completeplanet.com)
- Metasuche von Datenbanken
  - Search.com (http://search.com)
- Magazine
  - PresseWeb (http://www.webdopresse.ch)

3.5.4. Allgemeine Tipps

Begrenzte Reichweite herkömmlicher Suchmaschinen

Normale Suchmaschinen wie *Google* etc. verzeichnen nur ungefähr ein Drittel der über Internet zugänglichen Informationen. Leider befindet sich gerade ein Großteil der wissenschaftlichen Informationen in den anderen zwei Dritteln. Benutzen Sie daher bevorzugt wissenschaftliche Suchmaschinen, die diesen unsichtbaren Teil des Internets mindestens teilweise abdecken können.

Das Datenbankverzeichnis CompletePlanet

Wissenschaftliche Informationen sind oft in Datenbanken gespeichert. Diese können von normalen Suchmaschinen nur begrenzt abgefragt werden. *CompletePlanet* (www.completeplanet.com) ist ein Verzeichnis von über 70'000 nach Themengebieten geordneten Datenbanken. Die Suche in der ausgewählten Datenbank muss dann allerdings selbständig durchgeführt werden.

Social Bookmarking

Mit Bookmarks und Favoriten können gefundene Websites einfach wieder gefunden werden. Social Bookmarking-Dienste erlauben das Abspeichern und Organisieren von Links auf dem Internet. Die eigene Bookmark-Sammlung ist so immer zugänglich und kann anderen Internetnutzern zur Verfügung gestellt werden. Umgekehrt können auch die Linksammlungen anderer Teilnehmer benutzt werden

Beispiele:
- www.delicious.com (der Klassiker)
- www.mister-wong.de (deutsch)
- www.bibsonomy.org (eher wissenschaftlich orientiert, auch für Publikationen)

Googles Spezialbefehle

Die Suchmaschine Google unterstützt zahlreiche Spezialbefehle, mit deren Hilfe gezielter nach Informationen gesucht werden kann. Der eigentliche Suchbegriff muss direkt hinter dem Doppelpunkt des Befehls ohne Abstand eingegeben werden.

Beispiele
- *define:* zeigt nur Treffer aus Online-Nachschlagewerken an (z.B.: define:demenz)

- *related:* zeigt Websits mit ähnlichem Inhalt an (z.B. related:www.zpid.de)
- *link:* zeigt Seiten an, die einen Link auf die angegebene Adresse enthalten. Damit findet man ebenfalls Webites mit ähnlichem Inhalt (z.B. link:www.zpid.de)

Die Website www.googleguide.com enthält weitere Google-Tricks.

Ungültige Internetadressen

Es kann immer wieder vorkommen, dass Internetadressen falsch oder nicht mehr gültig sind. In diesen Fällen kann man versuchen, den Inhalt erneut über eine Suchmaschine zu finden. Eine andere Vorgehensweise besteht darin, die Internetadresse von hinten zu kürzen, um das nächst höhere Verzeichnis aufzurufen, wenn dies nicht möglich ist, das Verfahren wiederholen. Sobald eine Seite angezeigt wird, kann versucht werden, die verschobenen Seiten über die Navigation aufzurufen, sofern sie noch vorhanden sind.

4. Schreiben

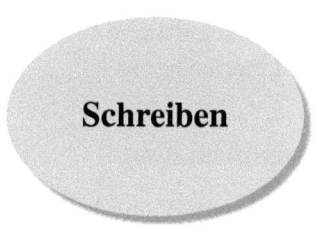

 – Vorgehensweise
– Zusammenfassung von Literatur
– Aufbau der Arbeit
– Formale Anforderungen
– Zitierregeln
– Literaturverzeichnis

4.1. Vorgehensweise

4.1.1. Ziele und Funktionen von Seminararbeiten

Studienbegleitende Arbeiten spielen eine wichtige Rolle an verschiedenen Punkten des Studiums. Sie erfüllen entsprechend verschiedene Funktionen. Neben den Hauptfunktionen, dem Erlernen der Fertigkeit wissenschaftlichen Schreibens und der Darstellung wissenschaftlicher Ergebnisse, können schriftliche Arbeiten auch studienstrategische Funktionen erfüllen. Sie können sich in das Thema einer geplanten Bachelorarbeit einarbeiten oder sich einem Betreuer empfehlen, um später an dessen Projekten mitarbeiten zu können. Damit Ihre Arbeit solche Funktionen erfüllen kann, ist es wichtig, sie ernst zu nehmen und als Chance und nicht als lästige Pflicht zu sehen.

Das wichtigste Ziel ist das Erlernen wissenschaftlichen Schreibens. Dafür sind die Themenauswahl und -eingrenzung (siehe 3.1), die Strukturierung, die wissenschaftliche Argumentation und die Form der Arbeit (ab 4.3) wichtig. Wissenschaftliches Schreiben hat als Hauptziel wissenschaftliche Erkenntnis, d.h. die Gewinnung neuer Information zu einem Thema.

Argumentation

Die Argumentation Ihrer Arbeit bestimmt wesentlich deren Qualität und ist Ihre zentrale wissenschaftliche Leistung. Diese kann schon durch das Thema der Arbeit erleichtert oder eingeschränkt werden. Wie in 3.1. dargestellt, ist es günstig, von einer aus einem empirischen Journalartikel abgeleiteten, sehr spezifischen Fragestellung auszugehen, um Zeit bei der Suche zu sparen. Sie sollten jedoch auch beim Schreiben Ihrer Arbeit selbst von Journalartikeln ausgehen, denn nur dort finden Sie Details, die Sie in Ihrer eigenen Argumentation verwenden können. Übersichtsliteratur fasst eine Vielzahl von Erkenntnissen meist auf einem sehr abstrakten oder groben Niveau zusammen, das es Ihnen erschwert, eigene Gedanken zu entwickeln und neue Erkenntnisse zu gewinnen. Viele schlechte Studienarbeiten scheitern an diesem Ziel: Sie zeichnen sich dadurch aus, dass in ihnen nur zusammengefasst wiederholt wird, was in der Überblicksliteratur schon zusammengefasst steht.

Wenn Sie sich dagegen mit einem sehr spezifischen Thema auf der Basis empirischer Journalartikel befassen, haben Sie die Möglichkeit, wirklich neue Erkenntnis zu gewinnen, auch ohne dass Sie selbst empirische Untersuchungen machen. Dazu ist es notwendig, dass Sie die ausgewählten Artikel ganz und kritisch lesen und sich nicht mit der Wiedergabe der Einleitungen und Diskussionen begnügen. Einleitung und Diskussion geben die Gedanken des Autors wieder. Diesen dürfen Sie jedoch nicht einfach folgen, wenn Sie eigene Gedanken entwickeln möchten. Stellen Sie sich beim Lesen immer die in 2.3.1. aufgelisteten Fragen. Wichtige Ansatzpunkte sind oft die Operationalisierungen der Fragestellungen in den Artikeln. Sie sollten sich immer fragen, ob wirklich das theoretische Konzept geprüft wurde, das geprüft werden sollte. Oft ist dies nicht der Fall, z.B. wenn eine Fragestellung Emotionen betrifft, die Untersuchung aber mit Fragebogen durchgeführt werden, die Selbsteinschätzungen der Befragten zu Emotionen erheben, so ist der Aussagewert der Untersuchung in Bezug auf Emotionen selbst eingeschränkt. Weitere Ansatzpunkte für Ihre Argumente können in alternative Interpretationen der Ergebnisse z. B. durch eine andere Theorie sein, ob Sie mit den Schlussfolgerungen des Autors übereinstimmen oder nicht oder wie Sie sich eine Operationalisierung vorstellen, die besser die behandelte Theorie prüft als die im Artikel verwendete.

Strukturierung: Arbeitsbibliographie, Disposition und Inhaltsverzeichnis

Erstellen Sie von Beginn Ihrer Arbeit an eine *Arbeitsbibliografie* (vorläufiges Literaturverzeichnis) der verwendeten Literatur, damit Sie die entsprechenden Quellen ohne großen zeitlichen Aufwand wieder finden. Schon bei der Literatursuche und dann bei der Lektüre benötigen Sie eine griffige *Forschungsfrage*, die dann während des ganzen Arbeitsprozesses als roter Faden dient. Sie hilft Ihnen, sich nicht zu verzetteln und Wesentliches von Unwesentlichem zu trennen, in dem Sie jeweils prüfen, ob das betreffende Material Ihnen hilft, die Frage zu beantworten.

Halten Sie fortlaufend und schon während des Lesens die gewonnenen Erkenntnisse fest, um zu vermeiden, dass Sie später noch einmal nachlesen müssen.

Um der Arbeit ein Gerüst zu geben, müssen Sie das Material strukturieren. Dazu eignet sich eine Mindmap, mit der Sie zuerst eine *Grobdisposition* erstellen. Diese wird, eventuell auf eigenen Mindmaps für einzelne Unterthemen verfeinert bis Sie schließlich eine *Feindisposition* erhalten. Diese enthält (zumindest als Verweis) alle Informationen, die Sie in Ihrer Arbeit ansprechen möchten. Ein wichtiger Schritt ist die Umwandlung der Feindisposition, die alle Themen nebeneinander stellt, in ein Inhaltsverzeichnis, das die Themen nacheinander behandelt und als Leitlinie beim Schreiben dient. Hier entscheiden Sie, welche Themen und Theorien zuerst behandelt werden müssen, damit der Leser die Hauptfragestellung verstehen kann.

Checkliste für eine Disposition

- Habe ich eine präzise Forschungsfrage?
- Habe ich genügend spezifisches Material zu dieser Frage?
- Habe ich eigene Gedanken entwickelt?
- Habe ich eine Schlussfolgerung gezogen?
- Habe ich alle Begriffe und Theorien beschrieben, die für das Verständnis des Themas wichtig sind?
- Ist der Stoff im vorgesehenen Umfang der Arbeit zu bewältigen?

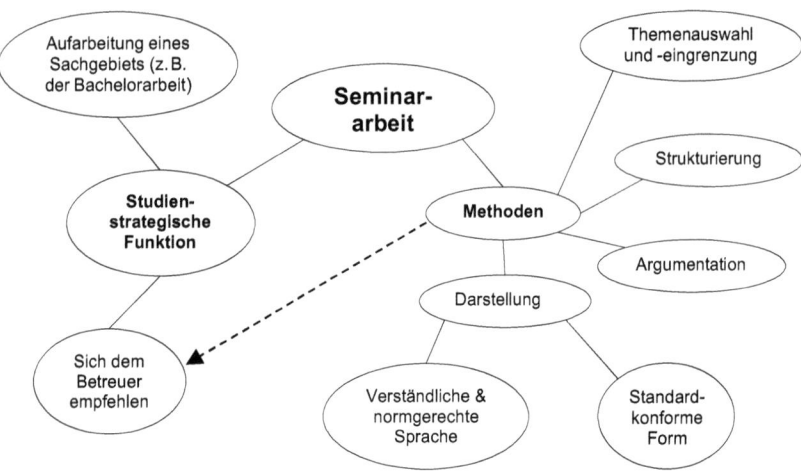

Abbildung 4: *Beispiel für eine Mindmap*

Informationsverwaltung auf dem Computer

1. Ordner anlegen
2. Arbeitsbibliografie erstellen
3. Inhaltsverzeichnisentwurf schreiben
4. Texte dem Inhaltsverzeichnis zuordnen

4.2. Zusammenfassung von Literatur

Oft ist es beim Schreiben einer Arbeit sinnvoll, von Zusammenfassungen von Texten auszugehen, um von einer übersichtlichen Informationsmenge ausgehen zu können.

Eine Zusammenfassung kann auch beim Lernen einer Prüfung eine große Hilfe darstellen und die Basis Ihrer Vorträge in Seminaren in höheren Semestern sein. Beachten Sie dabei folgende Grundregeln (Metzger, 1996):

- Formulierungen möglichst in eigenen Worten
- Beschränkung auf das Thema und die wichtigsten Hauptaspekte
- Sich möglichst kurz halten
- Wichtige Aussagen direkt aufschreiben
- Immer Quellen mit aufschreiben.

4.3. Aufbau einer Seminararbeit

Die nachstehenden Angaben zum Schreiben einer Seminararbeit stammen hauptsächlich aus der Wegleitung zum Verfassen von Seminararbeiten am Departement für Psychologie an der Universität Freiburg (CH) für die deutschsprachigen Lehrstühle (Ganz et al., 2008).

Seminararbeiten sollen folgende Elemente enthalten:

- Titelblatt
- Inhaltsverzeichnis
- Zusammenfassung
- Einleitung
- Hauptteil
- Diskussion
- Literaturverzeichnis

4.3.1. Titelblatt

Das Titelblatt beansprucht in der Regel eine separate Seite. Folgende Angaben müssen auf dem Titelblatt enthalten sein:

- Titel und Untertitel der Arbeit (Untertitel sind nur sinnvoll, wenn damit wirklich der kurze Haupttitel genauer erklärt werden kann)
- Art der Arbeit (z. B. (Pro)Seminararbeit), Lehrveranstaltung und Universität
- Lehrstuhl
- Name des Betreuers
- Name und Adresse des Verfassers (im Regelfall mit E-Mail Adresse)
- Angabe des Studiensemesters
- Abgabedatum

4.3.2. Inhaltsverzeichnis

Alle Titel der Kapitel und Untertitel müssen im Inhaltsverzeichnis mit den dazugehörigen Seitenzahlen aufgeführt werden. Die Formulierung sowie die Nummerierung müssen identisch mit jener in der Arbeit selbst sein.

Das Inhaltsverzeichnis soll dem Leser einen ersten Überblick über die inhaltlichen Schwerpunkte ermöglichen. Bei kürzeren Arbeiten kann jedoch auf Seitenzahlen im Inhaltsverzeichnis verzichtet werden.

4.3.3. Zusammenfassung

Die Zusammenfassung enthält die wesentlichsten Aussagen einer Arbeit. Wählen Sie das für das Verständnis der Arbeit aus und präsentieren Sie dem Leser Ihre Kernaussagen. Eine Zusammenfassung soll ungefähr 200 Worte umfassen. Es ist nicht leicht, gute und aussagekräftige Zusammenfassungen zu schreiben. Eine Hilfe bietet das Studium von Abstracts aus wissenschaftlichen Zeitschriften.

Zusammenfassungen wissenschaftlicher Arbeiten sind deshalb wichtig, da der Leser meist nur aufgrund der Zusammenfassung entscheidet, ob er die ganze Arbeit liest oder nicht.

4.3.4. Einleitung

Die Einleitung enthält die Bereiche Problemstellung, Zielsetzung und Vorgehen:

- Problemstellung: Welches Problem/Thema behandelt die Arbeit?
- Zielsetzung: Welche Fragestellung soll die Arbeit beantworten?
- Vorgehen: Wie soll die Fragestellung beantwortet werden, welche Theorien und empirischen Ergebnisse werden dazu vorgestellt (Grobstruktur)?

4.3.5. Hauptteil

Im Hauptteil wird näher auf die Problemstellung eingegangen und das Problem/Thema genauer als in der Einleitung beschrieben. Für die Problemstellung relevante Theorien und empirische Arbeiten werden vorgestellt und damit ein Überblick über den aktuellen Forschungsstand gegeben.

4.3.6. Diskussion

Die Diskussion umfasst mindestens eine Seite und beginnt mit der Wiederholung der Problemstellung sowie einer Kurzzusammenfassung der wichtigsten Ergebnisse des vorausgehenden Hauptteils. Im Folgenden sollen die vorgestellten theoretischen und empirischen Befunde kritisch hinterfragt werden um anschließend zu versuchen, von ihnen ausgehend die Fragestellung zu beantworten.

Dabei soll geklärt werden, inwieweit die Fragestellung durch die vorgestellten theoretischen und empirischen Befunde beantwortet werden kann und inwieweit es diesbezüglich Lücken gibt.

Abgeschlossen wird die Diskussion mit einer persönlichen Bewertung des Geschriebenen. Am Schluss der Arbeit findet sich das Literaturverzeichnis, das unter 4.6. genauer beschrieben wird.

4.4. Formale Anforderungen

4.4.1. Umfang und Layout der Arbeit

- 15 bis maximal 20 Textseiten (mit dem Betreuer absprechen)
- Abstand Text- zu Papierrand mindestens 2 cm
- 1.5 Zeilenabstand
- Absätze durch Einzüge oder Abstände voneinander abheben
- Gebräuchliche Schriftarten: Times New Roman, Arial
- Seitenzahlen: – Alle Seiten durchnummerieren
  - Das Inhaltsverzeichnis trägt die Seitenzahl „1"
  - Das Deckblatt wird nicht nummeriert

4.4.2. Tabellen und Abbildungen

Die in der Arbeit erscheinenden Tabellen und Abbildungen müssen fortlaufend nummeriert, beschriftet und in einem separaten Verzeichnis aufgeführt werden.

Sie dürfen den Lesefluss nicht stören und im Text muss auf jeden Fall auf sie Bezug genommen werden. Diese Bezugnahme erfolgt durch die Angabe „Tabelle" plus Nummer der jeweiligen Tabelle:

☑ *Beispiel* Aus Beispieltabelle 1 wird ersichtlich, dass...

Eine Tabelle bildet zwar einen Bestandteil des Textes, sie soll aber auch für sich alleine verständlich sein. Halten Sie Titel der Tabellen sollen kurz und informativ. Der Titel der Tabelle steht als Überschrift oberhalb der Tabelle, eventuell benötigte Anmerkungen und Fußnoten zur Tabelle stehen unterhalb der Tabelle.

☑ *Beispiel*

Beispieltabelle 1: *Zahl der Fernsehstunden pro Tage* (nach Lotta & Fehr, 2001, S. 45)

Alter in Jahren	N	Mo-Fr	Sa[a]	So[b]
3-4	50	1.0	2.1[c]	2.2
5-6	60	1.3	2.5	2.8
U-Test			*	*

Anmerkung: Die Sendezeit beträgt pro Tag 12 Stunden. Mo: Montag, Fr: Freitag, Sa: Samstag, So: Sonntag. Angaben von Medianwerten. *p<.05.

[a] Ohne Berücksichtigung von Feiertagen
[b] Mit Berücksichtigung von Feiertagen
[c] Wert bezieht sich auf ein n= 48, da Missing Data

Graphiken, Diagramme, Fotografien und Ähnliches werden unter der Kategorie „Abbildungen" zusammengefasst. Titel und Legende von Abbildungen werden im Gegensatz zu den Tabellen *beide* unterhalb der Abbildung angeführt.

4.4.3. Fußnoten

In den Fußnoten können sachliche oder auch persönliche Randbemerkungen aufgeführt werden, die nicht in direktem Zusammenhang zum Text stehen oder den Lesefluss unnötig stören würden (Krämer, 1993).

Sie können entweder auf der entsprechenden Seite oder aber auch am Schluss der Arbeit aufgeführt werden und sollten fortlaufend nummeriert sein.

Im APA-System werden die *Quellenangaben* nicht in den Fußnoten angegeben. Falls Sie in der Fußnote auf Quellen verweisen möchten, arbeiten Sie analog zum integrierten Zitieren im Text, d.h. gemäß dem Modell: (Autor, Jahr).
Am Ende der Fußnote wird immer ein Punkt gesetzt.

4.5. Zitierregeln

4.5.1. Dokumentieren und richtig zitieren

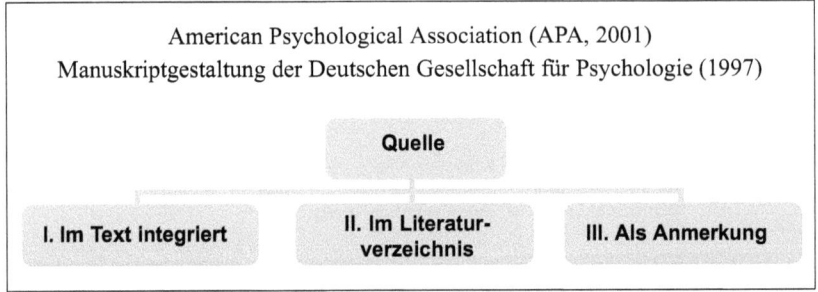

Abbildung 5: *Quellenangaben*

Es gelten folgende Zitierregeln:

(1) Für englische Arbeiten und Publikationen

American Psychological Association (Ed.). (2001). *Publication Manual of the American Psychological Association* (5th ed.). Washington, DC: APA.

(2) Für deutsche Arbeiten und Publikationen

Deutsche Gesellschaft für Psychologie (Hrsg.). (1997). *Richtlinien zur Manuskriptgestaltung. 2., überarbeite und erweiterte Auflage.* Göttingen: Hogrefe.

4.5.2. Quellenangaben im Text

Wörtliches Zitat:	*Sinngemäßes Zitat:*
– Mit Anführungs- und Schlusszeichen: „..." – Nachname (1 AutorIn) – (Erscheinungsjahr, Seitenzahl)	– Ohne Anführungs- und Schlusszeichen – Nachname (1 AutorIn) – (Erscheinungsjahr)
☑ *Beispiel* Metzger (1999, S. 130) stellt fest, dass „die Jahreszahl auch weggelassen werden [kann] [...]" → in eckige Klammern werden Teile des Textes gesetzt, die im Original außerhalb des zitierten Bereiches stehen, aber für das Verständnis notwendig sind!	☑ *Beispiel* Nach Metzger (1999) könne die Jahreszahl bei wiederholtem Zitieren auch weggelassen werden.

Regel für wiederholtes Zitieren derselben Quelle

Auf eine bestimmte Quelle wird pro Abschnitt Ihrer Arbeit nur einmal verwiesen. Wenn Sie dieselbe Quelle mehrmals im gleichen Abschnitt zitieren, wird nur bei der ersten Erwähnung im Abschnitt die Quelle vollständig zitiert.

Achtung: In jedem neuen Abschnitt die Quelle erneut vollständig zitieren!

4.5.3. Abkürzungen, Konjunktionen und Kommaregeln

Abkürzungen

S. = Seite(n)
f. = folgende Seite
ff. = folgende Seiten
et al. = lateinisch: et alii; deutsch: und andere

Konjunktionen

  &   = beim Verknüpfen von AutorInnen in Klammern
und = beim Verknüpfen von AutorInnen außerhalb von Klammern

Kommaregeln

Bei Aufzählung mehrerer AutorInnen kein Komma vor „&", „und", oder „et al." setzen!

4.5.4. Beispiele zu Quellenangaben

- *zwei AutorInnen*
    - immer beide Autoren nennen!
    Bortz und Döring (1995) sind der Meinung...
    Leider pflegen verschiedene Disziplinen unterschiedliche Zitierweisen (Bortz & Döring, 1995)

- *Drei bis fünf AutorInnen*
    - Nur das erste Mal im Text alle AutorInnen einer Publikation nennen. Danach nur noch Nachname (ErstautorIn), gefolgt von et al. und Erscheinungsjahr.
    Roemer, Borkovec, Posa und Lyonfields (1985) präsentierten...
    (später im Text): *Roemer et al. (1985) konnten dadurch zeigen...*

- *Sechs und mehr AutorInnen*
    - Von Beginn an nur Nachname (ErstautorIn), gefolgt von et al. und Erscheinungsjahr
    Goisman et al. (1995) schreiben dazu....

- *Gleiche/r Autor/in (mehrere Werke im gleichen Jahr)*
    - Jahreszahl mit kleinem Buchstaben ergänzen
    ...Schneider (1996b)

- *Gleiche Textstelle (mehrere Werke)*
  - Quellen in alphabetischer Reihenfolge wie im Literaturverzeichnis anfügen und durch Semikolon trennen
  …(Bortz & Döring, 1995; Metzger, 1999)
- *Gleicher Nachname (mehrere AutorInnen)*
  - Initialen des Vornamens angeben:
  Im Unterschied zu E. Dreher (1988) ist M. Dreher (1985) der Meinung, dass…
- *Informationen aus Sekundärliteratur*
  - Beide Quellen müssen erwähnt werden
  bei wörtlichem Zitat
  …(Havighurst, 1956, S. 215, zitiert nach Dreher & Dreher, 1985b, S. 30)
  bei sinngemäßem Zitat
  …(Havighurst, 1956, nach Dreher & Dreher,1985b)
  - Zitat mit Anführungs- und Schlusszeichen innerhalb eines Zitats Textstelle nur noch mit einfachen Anführungs- und Schlusszeichen versehen („…')

Es empfiehlt sich bei mehrfacher Erwähnung eines Authors innerhalb eines Abschnitts, den Namen durch „der Autor" / "die Autorin" oder durch „er" oder „sie" zu ersetzen, damit im gleichen Abschnitt der Name nicht zu häufig genannt werden muss.

4.6. Literaturverzeichnis

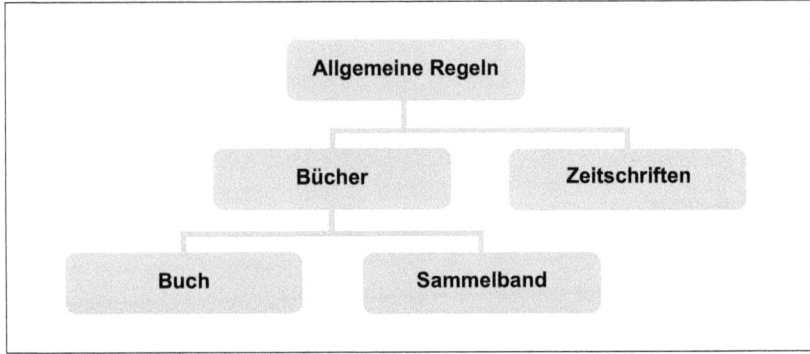

Abbildung 6: *Literaturverzeichnis*

4.6.1. Allgemeine Regeln

1. *Quellen, übernommen aus Sekundärliteratur*

Nach APA werden solche Quellen nicht im Literaturverzeichnis aufgelistet. Besprechen Sie bei Studienarbeiten dies jedoch mit Ihrem Betreuer, da es diesem das Verständnis erleichtert und er so die Art (Veröffentlichungsort, Titel) der zitierten Arbeit erkennen und auf diese gegebenenfalls einfacher zugreifen kann.

2. *Originalsprache der Quelle beibehalten*

Abkürzungen werden im Allgemeinen in der Originalsprache beibehalten, z.B.:
- HerausgeberIn: Hrsg. (dt.) / Ed./Eds. (engl.)
- Seite(n): S. (dt.) / p./pp. (engl.)

3. *Literaturverzeichnis alphabetisch nach Nachnamen der Erstautorin/des Erstautoren ordnen*

4. *Vornamen abkürzen als Initiale, gefolgt von Punkt*
   Abstand (Leerschlag) zwischen mehreren Initialen eines Autors oder einer Autorin einfügen.

5. *Alle AutorInnen eines Werkes auflisten*
   „et al." darf nicht ins Literaturverzeichnis!

6. *Erscheinungsjahr*
   Erscheinungsjahr in Klammern nach Initialen der letzten Autorin/des letzten Autors einfügen.

7. *Kursive Titel und Untertitel*
   Kursiv wird Folgendes geschrieben:
   Titel und Untertitel von Büchern, Sammelbänden sowie Titel von Zeitschriften inklusive Nummer.

8. *Seitenangaben*
   – Von Quellen in Sammelband: Mit Abkürzungen S./p./pp. plus Seitenzahlen in Klammern nach Titel der Quelle
   – Von Zeitschriftenartikeln: Keine Abkürzung, nur Jahrgang, Heft-Nummer und Seitenzahlen

9. *Ort und Name des Verlages*
   Ort und Staat (in den USA), gefolgt von Doppelpunkt und Name des Verlages.
   Verlagsname darf nicht abgekürzt werden.

10. *Zweite Zeile einrücken*
    Zweite und folgende Zeilen einer Literaturangabe um 5–7 Anschläge (ca. 1 cm) einrücken.

11. *Nicht ins Literaturverzeichnis*, sondern in ein separates Verzeichnis kommt die *Liste aller Abbildungen und Tabellen*

4.6.2. Bücher

☑ *Beispiel für ein Buch*

Nachname, Initiale. (Erscheinungsjahr). *Titel. Untertitel.* (Auflage). Ort: Verlag.

Metzger, C. (1995). *Lern- und Arbeitsstrategien. Ein Fachbuch für Studierende an Universitäten und Fachhochschulen* (2. Aufl.). Aarau: Sauerländer.

☑ *Beispiel für Kapitel in einem Sammelband*

Nachname, Initiale. (Erscheinungsjahr). Titel. Untertitel. In Initiale. Nachname HerausgeberIn (Hrsg.), *Titel. Untertitel* (Seitenangaben) (Auflage). Ort: Verlag.

Dreher, E. & Dreher, M. (1985). Entwicklungsaufgaben im Jugendalter: Bedeutsamkeit und Bewältigungskonzepte. In D. Liepmann & A. Stiksrud (Hrsg.), *Entwicklungsaufgaben und Bewältigungsprobleme in der Adoleszenz* (S. 56–70). Göttingen: Hogrefe.

4.6.3. Zeitschriftenartikel

☑ *Beispiel für Zeitschriftenartikel*

Nachname, Initiale. (Erscheinungsjahr). Titel. Untertitel. *Name der Zeitschrift, Jahrgang,* Heftnummer, Seitenangaben.

Havighurst, R.J. (1956). Research on the developmental-task concept. *The School Review, 64,* 215–223.

4.6.4. Elektronische Medien

Internetquellen müssen auf ihre Wissenschaftlichkeit überprüft werden, bevor sie für eine Arbeit verwendet werden. Im Literaturverzeichnis werden sie klar mit dem Kürzel „on-line" sowie der Zugriffsadresse und dem Zugriffsdatum ergänzt. Im Allgemeinen kann nur der Autor der Quelle als Maßstab für die Wissenschaftlichkeit dienen. Behörden und Verbände liefern meist hochwertige Information, bei privaten und kommerziellen Quellen ist Vorsicht angebracht.

☑ Beispiele für elektronische Medien

Bundesamt für Statistik. (Hrsg.) (2002). *Von der Hochschule ins Berufsleben. Erste Ergebnisse der Absolventenbefragung 2001* [on-line]. Verfügbar unter: http://www.statistik.admin.ch/ [01.10.2003].

Pritzker, T.J. (No date). *An early fragment from central Nepal* [on-line]. Availabe: http://www.ingress.com/astanart/pritzker/pritzker.html [1995, June 8].

☑ Beispiel für Online-Abstract

Meyer, A.S. & Bock, K. (1992). The tip-of-the-tongue phenomenon: Blocking or partial activation? [on-line]. *Memory & Cognition, 20,* 715–726. Abstract from: DIALOG File: PsychINFO Item: 80-16351.

4.6.5. Weitere Quellen

☑ Beispiele für Forschungsberichte und Dissertationen

Kubinger, K.D. (1981). *An elaborated algorithm for discriminating subject groups by qualitative data* (Research Bulletin No. 23). Wien: Universität, Institut für Psychologie.

Meyer, J. (1951). *Zur Frage der Duplizität.* Unveröffentlichte Dissertation, Christian-Albrecht-Universität Kiel.

McIntosh, D.N. (1993). *Religion as schema, with implications for the relation between religion and coping.* Manuscript submitted for publication.

☑ Beispiel für Beiträge auf Tagungen

Neubauer, A. (1995). Physiologische Ansätze der menschlichen Intelligenz. In K. Pawlik (Hrsg.), *Bericht über den 39. Kongress der Deutschen Gesellschaft für Psychologie in Hamburg, 1994* (S. 383-388). Göttingen: Hogrefe.

4.6.6. Gedächtnisstützen: APA-Normen für die Referenzliste

Untenstehend befindet sich ein Literaturverzeichnis mit diversen Beispielen. Dabei wird Bezug genommen auf Fälle, bei denen das Erstellen des Literaturverzeichnisses oft Schwierigkeiten (Ausnahmen etc.) bereitet, und es wird aufgezeigt, wie solche schwierigen Fälle formal korrekt nach den APA-Normen aufgelistet werden müssen.

Das Beispiel basiert auf einer Vorlage von C. Gillièron, das für das Psychologiearchiv entsprechend dem Publication Manual der APA (APA, 2001) und der Webseite der APA entwickelt worden ist.

N.B.: Man kann die Kursivschrift durch Unterstreichung ersetzen.

APA-Normen für die Referenzliste

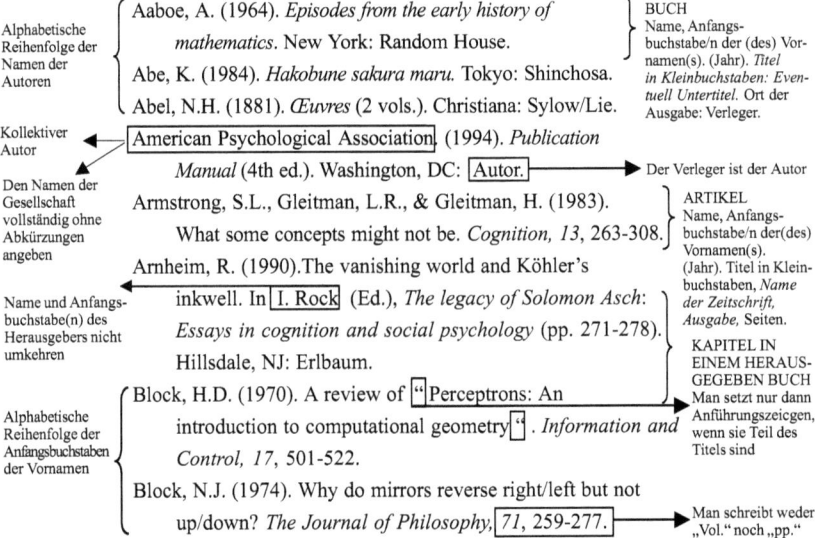

Chronologische Auflistung	Boesch, E.E. (1975). *Zwischen Angst und Triumph*. Bern: Huber. Boesch, E.E. (1991). *Symbolic action theory and cultural psychology*. Berlin/New York: Springer.	Zwei Publikationsorte

Gleiche(r) Autor(en), erscheinen im gleichen Jahr: Alphabetische Reihenfolge der wichtigsten Titel, ausser bei Nummerierung der Artikel oder der Werke

Büchenschutz, B. (1868a). *Traum und Traumdeutung im Altertum*. Berlin: Calvary.

Büchenschutz, B. (1868b). *Traum und Traumdeutung im Mittelalter*. Berlin: Calvary.

Nicht kürzen ←

Chombart de Lauwe, M.-J., Bonnin, P., Mayeur, M., Perrot, M., & de la Soudière, M. (1974). *Enfant en-jeu: Les occupations des enfants durant leur temps libre en fonction des types d'environnement*. (Rapport de fin de contrat pour la Caisse Nationale des Allocations Familiales). Montrouge: Centre d'ethnologie sociale et de psychosociologie. } BERICHT

Fann, W.E., Pokorny, A.D., Koracav, I., & Williams, R.L. (Eds.). (1979). *Phenomenology and treatment of anxiety*. New York: Spectrum. } HERAUSGEGEBENES BUCH

Federal Bureau of Investigation. (1998, March). *Encryption: Impact on law enforcement*. Washington, DC: Author. Retrieved from SIRS database (SIRS Government Reporter, CD-ROM, Fall 1998 release)

DATENBANK AUF CD-ROM
Gleiche Informationen (zumindest die verfügbare), dann Datum der Entnahme angeben sowie die Quelle, Name der Datenbank, CD-ROM und Erscheinungsdatum der Ausgabe

KAPITEL oder Abschnitt in einer Monographie

Guilbaud, G.T. (1985). Le vrai n'est pas toujours sûr. In *Leçons d'à peu près* (pp. 13-20). Paris: Bourgois.

Wenn es mehrere Koautoren gibt: „&" vor dem letzten Namen

Haas, T., Marquer, E., & Simon, J. (1977). What the left hand tells the right brain. Préface à R. Deacon, *The Israeli secret service* (pp. v-xxviii). New York: Taplinger.

Die ursprüngliche Aufzählung der Seiten in römischen Zahlen beibehalten.

Referenz ohne Autor: Titel an Stelle des Autors Plazieren

Harold Cohen: Computer-as-artist. (1984). Pittsburgh: Buhl Science Center.

Held, R. (1965). Plasticity in sensory-motor systems *Scientific American, 213 (5)*, 84-94.

Wenn die Seitenangabe bei jeder Nummer wieder bei 1 anfängt, muß man in Klammern ihre Nummer zusätzlich zum Volumen der Zeitschrift anzeigen, aber nicht in Kursivschrift

Artikel bestehend aus 2 oder mehreren Teilen: Nummerierung in arabischen Zeichen

Herbert, M.J. (1955). Learning from Karajan: 1. "Les us majuers". *Journal of Comparative Musicology*, No. 4, 79-85.

Herbert, M.J. (1956). Learning from Karajan: 2. "Les us mineurs". *Journal of Comparative Musicology*, No. 5, 1-20.

Herbert, M.J., & Harsh, C.M. (1944). Observational learning by cats [L'apprentissage par observation chez des chats]. *Journal of Comparative Psychology, 37*, 81-95.

Zeitschrift ohne Bandbezeichnug, ohne Volumen

Es ist erlaubt, aber nicht erforderlich, die franz. (deutsche) Übersetzung eines Titels anzugeben. [zwischen eckigen Klammern]

Ohne Verlag — Hermann, I. (1945). *Bólyai János: Egy gondolat születésének lélektana*. Budapest: sn.

Jacobson, J.W., Mulick, J.A., & Schwartz, A.A. (1995). A history of facilitated communication: Science, pseudoscience, and antiscience: Science working group on facilitated communication. *American Psychologist, 50,* 750-765. Retrieved January 25, 1996 from the World Wide Web: http://www.apa.org/journals/jacobson.html

REFERENZEN AUS INTERNET
Gleiche Informationen (zumindest die verfügbare) wie für die gedruckten Quellen. Dann Internetinformationen am Ende: Entnahmedatum, URL-Adresse

Bei Fehlen des Datums — Kolb, O. (sd). Why do mirrors reverse front and back, or do they? In A. Humpty, B. Dumpty, O. Kolb, & S. Clandres, Komatsu, L.K. (1994). *Experimenting with the mind: Readings in cognitive psychology*. Pacific Grove, CA:

KAPITEL in einem Werk mitgeschrieben durch den Autor.

Zwei Verleger — Brooks/Cole.

Alphabetische Reihenfolge der Namen der nachfolgenden Ko-Autoren:

Loftus, E.F., & Cole, W. (1974). Retrieving attribute and name information from semantic memory. *Journal of Experimental Psychology, 102,* 1116-1122.

Loftus, E.F., & Freedman, J.L. (1972). Effects of category name frequency on the speed of naming an instance of the category. *Journal of Verbal Learning and Verbal Behavior, 11,* 343-347.

Maccoby, E.E., & Martin, J. (1983). Socialization in the context of the family: Parent-child interaction. In P.H. Mussen (Series Ed.) & E.M. Hetherington (Vol. Ed.), *Handbook of child psychology: Vol. 4. Socialization, personality, and social development* (4th ed., pp. 1-101). New York: Wiley.

KAPITEL IN EINEM BAND AUS EINER SERIE, BESTEHEND AUS MEHREREN BÄNDEN
Name, Anfangsbuchstabe/n der (des) Vornamen(s). (Jahr). Titel: Eventueller Untertitel. Anfangsbuchstabe/n der (des) Vornamen(s) Name des Direktors der Serie (Series Ed.) & Anfangs-buchstabe/n der (des) Vornamen(s) Name des Direktors des betreffenden Bandes (Vol Ed.), *Titel der Serie: Vol. x. Titel des Bandes* (pp. xx-xx). Ort der Ausgabe: Verleger

Immer jeden Autor erwähnen — Mitrushina, M., Satz, P., Drebing, C., van Gorp, W., Mathews, A., Harker, J., & Chervinski, A. (1994). The differential pattern of memory deficit in normal aging and dementias 246-252.

Auch wenn man weiß, dass es sich um die gleiche Person handelt, muss man die Namen und die Anfangsbuchstaben beibehalten, wie es im zitierten Werk angegeben ist —

Nisbett, R., & Ross, L. (1985). Judgmental heuristics and knowledge structures. In H. Kornblith (Ed.), *Naturalizing epistemology* (pp. 189-215). Cambridge, MA: MIT Press.
(Original 1980)

Nisbett, R.E., Krantz, D.H., Jepson, C., & Kunda, Z. (1983). The use of statistical heuristics in everyday inductive reasoning. *Psychological Review, 90,* 339-363.

Es ist erlaubt, aber nicht erforderlich, das Datum der ursprünglichen Veröffentlichung anzugeben

Man hält die Reihenfolge der Autoren wie im zitierten Werk bei

Pie, R., & Leloup, P. (1968, février). *Singing down the lane.* Communication présentée aux Journées d'études de la Société Européenne de Musicologie Cognitive, Rome. } NICHT VERÖFFENT-LICHTE AUSSAGE

Sabah, G. (1978). *Contribution à la compréhension effective d'un récit.* Thèse de doctorat d'état, Université de Paris VI. } NICHT VERÖFFENT-LICHTE THESE (z.B. Liz- oder Doktorarbeit)

Den Monat angeben, eventuell auch den Tag
Hier pp. einsetzen ◄

Sacks, O. (1992, 26 mars). The last hippie. *The New York Review of Books,* pp. 51-60. } ARTIKEL IN EINER ZEITSCHRIFT

Schneiderman, R. A. (1997). Librarians can make sense of the Net. *San Antonio Business Journal, 11*(31), pp. 58+. Retrieved January 27, 1999, from EBSCO database (Masterfile) on the World Wide Web: http:www.ebsco.com } DATENBANK AUF INTERNET Gleiche Informationen (zumindest die verfügbare) wie für die gedruckten Quellen, Internetinformationen, Entnahmedatum, Quelle, Datenbank, URL-Adresse

Sturm, U., & Drang, F. (1973, novembre). La théorie des catastrophes : Promesses et réalités. In G. Rémy (Prés.), *La musique de demain.* Symposium organisé durant les Rencontres du Cercle Bernois de Mathématiques Appliquées, Heiligenschwendi. } AN EINEM SYMPOSIUM PRÄSENTIERTE AUSSAGE

Name mit vorangehender Präpositon (von, van, de, etc.): Anfangbuchstabe des Namens selbst bestimmt die alphabetische Reihenfolge ◄

de Witt, J. (1659). *Elementa curvarum linearum.* Amsterdam: van Schooten.

Zee, A. (1986). *Fearful symmetry.* New York: MacMillan.

Der Apostroph (od. das Auslassungszeichen) zählt nicht ◄

Z'ee, Z. (in press). Fuzzy symmetries and approximate reasoning. *Synthese.* } ARTIKEL AKZEPTIERT FÜR VERÖFFENTLICHUNG Weder Erscheinungsjahr, Seiten, Bandbezeichnung noch Nummer angeben

Einige Abkürzungen

chap.	=	Kapitel
2nd ed.	=	zweite Auflage
p. (pp.)	=	Seite(n)
No.	=	Nummer
ed.	=	Auflage
Ed. (Eds.)	=	Verlag (Verleger)
Vol.	=	Volumen/Band/Ausgabe (wie in Vol. 4)
Pt.	=	Teil
Rev. ed.	=	revidierte Auflage
sd	=	ohne Datum
vols.	=	Bände (wie in 4 vols.)

4.6.7. Persönliche Literaturdatenbanken

Es gibt eine Reihe von Literaturdatenbanken für PC und Mac, mit deren Hilfe Sie Ihre Literaturangaben verwalten und zum Teil direkt in Textverarbeitungsprogramme einbinden können. EndNote ist Beispiel dafür. Es verwaltet Daten effizient und fügt diese bequem in Textverarbeitungsdokumente ein (aktuelle Version EndNote X2). Sie können bibliografische Daten (Literaturverzeichnis) bearbeiten und sich direkt Zitate in die Textverarbeitungsprogramme einsetzen lassen. Eine Testversion ist 30 Tage gültig und kann unter http://www.scientific-solutions.ch herunter geladen werden.

Daneben gibt es kostenlose Programme, die allerdings oft nicht denselben Funktionsumfang haben (z.B. bibibamos) und frei im Internet verfügbar sind.

Grundsätzlich ist anzumerken, dass Sie solche Literaturdatenbanken anlegen sollten, wenn Sie häufiger wissenschaftliche Arbeiten schreiben. Wenn Sie nur eine beschränkte Literaturauswahl zu bearbeiten haben, genügt meist eine Liste mit allen Literaturangaben und angefügten (aussagekräftigen) Schlagworten, die Sie z.B. mit der Suchfunktion von Word durchsuchen können. Wichtig ist allerdings in jedem Fall, dass Sie von Anfang an eine solche Liste führen, damit Sie einen Überblick über die Arbeiten haben, die Sie schon gesichtet bzw. gelesen haben.

4.6.8. Checkliste für das Verfassen von Arbeiten

Formaler Aufbau

- Ist die Darstellung korrekt und sauber?
- Ist die Zitierweise richtlinienkonform?
- Ist die Orthografie und Interpunktion korrekt, wurde die Arbeit von einer zweiten Person gelesen?
- Ist die Literatur aktuell und vollständig?

Struktur

- Ist die Gliederung formal korrekt (Inhaltsverzeichnis, Kurzfassung…)?
- Folgt der Aufbau einem roten Faden?

Inhalt

- Ist der schriftliche Ausdruck wissenschaftlich und verständlich?
- Wurde die Zielsetzung der Arbeit beschrieben und erreicht?

5. Vortragen

 – Vorträge vorbereiten und strukturieren
 – Vorträge halten
 – Aufbau eines Vortrags
 – Kurzvortrag halten

Ein Vortrag soll in erster Linie Inhalte vermitteln. Damit der Inhalt eines Vortrages überzeugend präsentiert und vom Publikum verstanden werden kann, sind jedoch einige zentrale Punkte wie die Verwendung von Hilfsmitteln, die (Körper)Sprache, die Stimme, etc. zu beachten. Nur wenn Inhalt *und* Form einwandfrei sind und übereinstimmen, ist ein Vortrag gelungen.

Der geübte Redner spricht *zu* den Hörern, nicht einfach *vor* ihnen. Er geht auf das Publikum ein und erläutert unklare Punkte. Ein Vortrag sollte zu Hause am besten vor einem Probepublikum geübt werden. Dabei fällt vielleicht auf, dass gewisse Formulierungen problematisch sind, man zu schnell spricht oder andere Fehler macht. Bei mehrmaligem Üben sollte versucht werden, die Gedanken immer wieder anders und neu zu formulieren. Dies gibt beim Vortragen Sicherheit und macht den Vortrag durch ein erweitertes Repertoire von Formulierungen flexibler.

Im folgenden Kapitel geht es darum, wie der Inhalt des Vortrages wirkungsvoll an den Mann bzw. an die Frau gebracht und eine Beziehung zwischen Referent und Publikum hergestellt werden kann.

5.1. Vorträge vorbereiten und strukturieren

5.1.1. Zweck – Warum halte ich den Vortrag?

- Definieren: Zweck der Präsentation in wenigen Sätzen
- Reduzieren: Zweck in max. 10 Worten

5.1.2. Zielpublikum – Wer wird meinem Vortrag zuhören?

Definieren Sie das Publikumsprofil.
- Wer sind die ZuhörerInnen?
- Wie viele werden es sein?
- Warum kommen sie?
- Welches Vorwissen haben sie?
- Warum interessieren sie sich für das Thema?
- In welcher Beziehung stehen sie zu mir als Vortragende/n?
  z.B.: Darf ich „du" verwenden oder muss ich „Siezen"?

5.1.3. Inhalt – Wie werde ich präsentieren?

Auswahl und Strukturierung des Materials zur Präsentation

 Vorteile einer guten Strukturierung:
- Gute Orientierung
- Gute Verständlichkeit
- Weniger Angst/Nervosität

Standardstruktur

1. Überblick

- Ziel und Zweck des Vortrages
- Titel der Präsentation
- Zeitliche Dauer

2. Einleitung

- Interesse und Motivation des Publikums wecken
- Absicht des Vortrages bekannt geben
- Maximal 3–4 Hauptpunkte nennen (mehr als 4 Punkte werden vom Publikum nicht erinnert)

3. Mittelteil

- Erster, zweiter, dritter (eventuell vierter) Punkt
- Hauptteil

4. Schluss

- Wesentliche Punkte zusammenfassen
- Hauptpunkte mit der Schlussfolgerung verknüpfen
- Interessantes Ende der Präsentation finden

5.1.4. Durchführung – Wie präsentiere ich den Vortrag?

Präsentieren Sie das Material zusammenhängend und verständlich

Stichwortkärtchen

- Enthalten nur Schlüsselwörter resp. Stichwörter
- Karteikärtchen sind geeignet
- Keine ganzen Sätze, nur eine Seite des Papiers beschriften

Vorbereitung

- Üben: den Vortrag mehrmals üben, am besten vor Bekannten
  Passen Sie die Länge an und verbessern Sie schwer Verständliches
- Publikumsreaktionen antizipieren
  Denken Sie mögliche Schlussfragen des Publikums durch (wer ist das Publikum?) und bereiten Sie Antworten vor

5.1.5. Ort und Zeit – Wo und wann findet der Vortrag statt?

Ort – Wo?

Was brauche ich an Hilfsmitteln?
- Welche Apparate stehen zur Verfügung?
- Was für Materialien/Geräte muss ich mitbringen?

Zeit – Wann?

Beste Zeiten: Wenn Zuhörer einigermaßen wach sind
Wochenmitte am späten Vormittag ist ideal (Di bis Do 10:00 Uhr)

Weniger günstig: Wenn Zuhörer müde sind
Vermeiden Sie Mo und Fr, früh morgens, nach dem Mittagessen, Ende des Arbeitstages

5.1.6. Handout

Ein Handout hilft den Zuhörern, sich im Vortrag zu orientieren oder sich später an die wichtigsten Aussagen zu erinnern. Es besteht aus folgenden Elementen:

- Name des Referenten
- Titel der Veranstaltung und des Referats
- Verwendete (und allenfalls weiterführende) Literatur
- Datum

- Seitenzahlen
- Wichtigste Elemente des zusammengefassten Artikels (Methode, Ergebnisse etc.)

Das Handout soll:

- möglichst knapp das Wesentliche der Präsentation aufführen
- evtl. genügend Platz für Notizen der Zuhörer bereithalten

Ob das Handout vor, während oder nach dem Vortrag verteilt wird, hängt primär vom Inhalt ab und muss von Fall zu Fall entschieden werden.

5.2. Aufbau eines Vortrags

5.2.1. Beginn

- Begrüßung und namentliche Vorstellung
- Titel der Präsentation und Überblick
- Eigene fachliche Kompetenz
- Konkrete Ziele
- Rahmenbedingungen: zeitliche Dauer/Zeitpunkt für Publikumsfragen

Beispiele für Bausteine einer Einleitung

Begrüßung

Ziel ist es, Kontakt zum Publikum zu schaffen
- „Guten Morgen (Nachmittag, Abend)."
- „Ich begrüße sie herzlich zum heutigen Vortrag."
- „Ich freue mich, dass sie so zahlreich erschienen sind."

Einleitung nach einer Vorstellung durch den Gastgeber

Verbinden Sie Vorstellung und Vortrag
- „Herzlichen Dank für die einleitenden Worte."

Einleitung in die Thematik

Nennen Sie Titel des Vortrages und Namen der AutorInnen/MitarbeiterInnen
- „Ich werde über… referieren."

Das Publikum motivieren

Begründen Sie, weshalb die Zuhörenden vom Vortrag profitieren werden
- „Unser Thema heute wird besonders diejenigen von Ihnen interessieren, die in diesem Gebiet tätig sind."
- „Ich nehme an, dass viele von Ihnen schon von … gehört haben."

Zeitrahmen

Geben Sie den Zeitrahmen zu Beginn bekannt
- „Ich werde ca. 20 Minuten sprechen."

Umgang mit Fragen

Geben Sie bekannt, wann und in welchem Rahmen Fragen erwünscht sind
- „Sie werden am Schluss die Möglichkeit haben, Fragen zu stellen."

Überblick über den Vortrag

Geben Sie eine Inhaltsübersicht
- „Drei Aspekte dieser Problematik stehen im Zentrum…"

Reihenfolge der Hauptpunkte

Benennen Sie die Hauptpunkte klar
- „Zuerst werde ich Ihnen die Problematik näher bringen. Dann geht es darum…"

5.2.2. Hauptteil

- Zuerst einfach, dann komplex
- Bekanntes vor Neuem
- Überleitungen zwischen den Punkten

Beispiele für Elemente des Hauptteils

Übergänge schaffen

Von einem Punkt zum nächsten klare Übergänge schaffen mit Hilfe von Ein- und Überleitungen
- Einleitungen:
  - „Lassen sie mich als erstes die Frage der… näher betrachten."
  - „Ein weiterer Aspekt ist…"
- Abschließende Überleitungen:
  - „Soviel zu meinem ersten Punkt."
  - „Das waren die wesentlichen Aspekte zum zweiten Punkt."

Hauptaussage betonen

Lassen Sie keinen Zweifel über die Hauptaussage des Vortrages
- „Was ich wirklich betonen möchte, ist…"
- „Am wichtigsten scheint mir…"

5.2.3. Ende

- Pünktlich abschließen
- Kurz zusammenfassen
- Schlussfolgerung ziehen
- Empfehlung geben
- Den Schluss durch ein Bild, eine Geschichte, ein Zitat, eine Karikatur auf den Punkt bringen
- Wenn möglich Kreis zur Einleitung schließen

- Handouts verteilen/auflegen
- Zu Fragen einladen

Beispiele für den Abschluss des Vortrags

Wichtigste Punkte noch einmal in Erinnerung rufen

Bündeln Sie die wesentliche Information
- „Heute sprach ich über…"
- „Zusammenfassend lässt sich Folgendes festhalten…"

Den Vortrag abschließen

Danken Sie dem Publikum abschließend
- „Ich danke Ihnen für Ihre Aufmerksamkeit."

5.2.4. Publikumsfragen beantworten

- Paraphrasierung der Frage: „Wenn ich Sie richtig verstehe, meinen Sie, dass…."
- Die Frage wiederholen lassen
- Die Frage auf einen späteren Zeitpunkt verschieben
- Die Frage beantworten – aber Nichtwissen hervorheben (Frage an Publikum weitergeben)
- Die Frage beantworten – aber nicht als Experte (versprechen, der Frage nachzugehen)

Beispiele für den Umgang mit Fragen

Zu Fragen einladen

Erleichtern Sie Zuhörenden Fragen dadurch, dass Sie klären, wann Sie Fragen erwarten
- „Sie können mir jetzt (am Ende meines Vortrages) Ihre Fragen stellen."

Fragen wertschätzen

– „Ihre Frage betrifft eine wichtige Überlegung."

Reaktion auf kritische Fragen

Bleiben Sie gelassen und betrachten Sie Kritik als Bereicherung
– „Von dieser Seite betrachtet gibt es gewisse Einschränkungen, die zu überdenken sind."

Erkennen Sie an, dass der Fragende wichtige Informationen hat, die Sie selbst nicht kennen. Fragen Sie nach!
– „Dieser interessante Aspekt ist mir neu. Könnten Sie mir vielleicht die Quellen nennen?"

Geben Sie zu, dass Sie nicht alles wissen! Das verringert die Angst vor Fragen schon im Vorfeld.
– „Diese Analyse habe ich mir nicht näher angesehen, da ich mich für meinen Vortrag/in meiner Arbeit auf [anderen Aspekt] konzentriert habe. Ich danke Ihnen jedoch für den hilfreichen Hinweis."

5.3. Auftreten

5.3.1. Präsentieren – Kommunizieren

Die Präsentation ist eine zum großen Teil von Präsentierenden getragene Form der Kommunikation. Sie ist deshalb besonders anspruchsvoll und muss gut vorbereitet werden, soll sie ihr Ziel erreichen. Die wichtigsten Ebenen, die Sie bei der Vorbereitung beachten müssen, sind im folgenden Kasten skizziert.

– Ziel:	Welches Ziel verfolge ich?
– Inhaltsebene:	Welche Sachinhalte möchte ich vermitteln?
– Selbstebene:	Welche Mittel erzeugen welche Wirkung?
– Beziehungsebene:	Referent- Publikumsbeziehung

5.3.2. Wirkung auf das Publikum

Gesprochene Sprache

- Geschriebene Sprache ist nicht gesprochene Sprache
- Möglichst frei formulieren statt wortwörtlich von Unterlagen ablesen
- Kurze und verständliche Sätze bilden – ein Gedanke pro Satz
- Gedankensprünge verwirren den Hörer, da er sich nicht orientieren kann
- Auf Fremdwörter und Fachbegriffe verzichten, wenn davon auszugehen ist, dass die Zuhörer sie nicht kennen.
- Störende Füllwörter sowie „Verlegenheitswörter" wie „ähm" oder „mh" vermeiden
- Das Publikum durch Fragen oder direktes Ansprechen („Sie", „wir" statt „man") einbeziehen
- Bei Verben möglichst Aktivformen statt Passivformen benutzen
- Wichtige Aspekte nochmals wiederholen
- Mit rhetorischen Mitteln und Stilfiguren kann die Aufmerksamkeit der Zuhörer erhöht oder der Vortrag aufgelockert werden (Variation, Wiederholung, Rückblick, Ausblick, Ankündigung, Parabel, Aufzählung, Ironie, Parallele, Umformulierung, rhetorische Frage etc.)

Sprachdynamik und Stimme

- Sprechen Sie laut und deutlich, damit auch die Zuhörer in den hintersten Reihen etwas verstehen – trotzdem nicht so laut, dass sich Ihre Stimme überschlägt oder es bei den Zuhörern als Schreien ankommt. Durch den gezielten Einsatz der Lautstärke kann Dramatik erzeugt oder z. B. Interesse ausgedrückt werden.
- Das Sprechtempo variieren: Verlangsamen bei Wichtigem, Beschleunigen, um Spannung zu erzeugen. Meist müssen Sie sich bremsen: In der Aufregung eines Vortrages wird häufig viel zu schnell gesprochen!
- Akzentuierung einzelner Worte oder Silben betont diese Teile besonders und die Bedeutung einer Aussage wird klar.

- Sprechpausen an der richtigen Stelle können Spannung, Nachdenklichkeit oder Ruhe suggerieren. Wenn Pausen fehlen, wo man sie erwartet hätte, kann die Dramatik erhöht werden.
- Wenn Sie unsicher werden oder Ihre Stimme zu zittern anfängt, sollten Sie lauter sprechen
- Ruhiges und richtiges Atmen ist wichtig, damit Ihnen nicht mitten im Satz die Luft ausgeht. Achten Sie darauf, während des Sprechens vollständig auszuatmen, das Einatmen erfolgt dann automatisch. Kurzatmigkeit entsteht meist durch unvollständiges Ausatmen!

Körpersprache

Wie durch die gesprochene Sprache und die Stimme kann auch durch die Körperhaltung, den Blickkontakt sowie durch Gestik und Mimik die Wirkung der Aussagen unterstützt werden. Oft sagt die Körpersprache mehr über unsere Empfindungen und Gedanken aus als Worte.

Halten Sie Ihren Vortrag stehend. Dann können Sie freier sprechen und unverkrampfter atmen. Zudem können Sie, vor allem bei vielen Zuhörern, von allen gesehen werden. Sie sollten zudem nicht hektisch hin und her laufen, sondern möglichst ruhig auftreten. Über den Blickkontakt erhalten Sie ein Feedback vom Publikum und können den Kontakt und die Kommunikation zum Publikum aufrechterhalten. Beachten Sie folgende Punkte:

 negativ

- Schräge Haltung (Kopf nach vorne oder schief, Schulter schräg)
- Abwenden vom Publikum
- Arme verschränken; Hände auf den Rücken oder in die Hosentasche; sich am Rednerpult festklammern
- Steifheit und Unbeweglichkeit
- Lang eingeübte Mimik und Gestik wirken aufgesetzt und unnatürlich und damit auch unglaubwürdig
- Stereotype (sich wiederholende) Bewegungen unbedingt vermeiden

- Mit Zeigestock oder Schreibgeräten spielen
- Hektisches Auf- und Abgehen

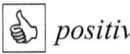 *positiv*

- Entspannte Haltung: Hände / Arme / Herumgehen
- Mit beiden Beinen fest auf dem Boden stehen und den Kopf aufrecht halten
- Blickkontakt mit Publikum halten und auf dessen Reaktionen achten. Den Blick langsam durchs Publikum zirkulieren lassen
- Möglichst ruhig stehen, aber ab und zu die Position wechseln oder auf das Publikum zugehen
- Offene Haltung (Vorderseite dem Publikum zuwenden, Körper nicht verdecken)

5.3.3. Visuelle Hilfen

Durch den gezielten Einsatz verschiedener Hilfsmittel können Sie das Gesagte besser veranschaulichen und strukturieren. Es gilt jedoch, dass diese dem Inhalt angepasst und nicht dominierend sein sollten. Im Zentrum eines Vortrages sollen immer Inhalt und Sie als Referent stehen.

Sämtliche Hilfsmittel sollen sorgfältig vorbereitet und deren Gebrauch eingeübt werden. Die Bedienung technischer Hilfsmittel muss bekannt sein und allenfalls im Vorfeld abgeklärt werden. Kurz vor der Präsentation müssen die Einstellungen (z.B. Hellraumprojektor) und die Betriebsbereitschaft (z.B. Videogerät) auf jeden Fall kontrolliert werden, damit der Vortrag reibungslos und wie geplant durchgeführt werden kann!

Im Folgenden werden die wichtigsten Punkte aufgelistet, die bei der Verwendung der verschiedenen Hilfsmittel beachtet werden sollen:

Folien

- Faustregel: nicht mehr als eine Folie pro fünf Minuten Redezeit
- Groß schreiben (mindestens Schriftgröße 18)
- Farben und Fettdruck (zur Hervorhebung)
- Schlüsselwörter hervorheben (klar und möglichst einheitlich strukturiert)
- Stift zur Orientierung anlegen
- Abdeckblatt auflegen, wenn Sie Teile noch nicht zeigen möchten
- Projektor abschalten, wenn er nicht gebraucht wird

Wandtafel/Flipcharts

- Groß und leserlich schreiben
- Anwendung: Festhalten von Namen, Zahlen, Fachausdrücken, Brainstorming
- Einteilung der Schreibfläche bedenken (vorher eventuell auf einem Blatt skizzieren)

Einsetzen visueller Hilfen
- Nie ganz vom Publikum abwenden
- Wechsel Publikum – Material
- Auf Material hinweisen
- Sicht nicht versperren

5.3.4. Lampenfieber

Lampenfieber ist ein Phänomen, das wohl fast alle kennen. Es kann auch geübte Redner, Schauspieler oder Musiker vor einem Auftritt befallen. Obwohl dies unangenehm ist, sollten Sie sich immer bewusst sein, dass es eine ganz natürliche und normale Reaktion unseres Körpers auf Stress ist.

Weshalb fühlt man sich aber überhaupt gestresst? Häufig ist es die Angst, Fehler zu machen, von den Zuhörern ausgelacht zu werden, eine Denkblockade zu haben und nicht mehr weiter zu wissen, unsicher auf andere zu wirken, etc. Die Situation des Vortragens wird als Bedrohung wahrgenommen, die eigenen Fähigkeiten werden negativ bewertet. Kurz: die Situation ist nicht mehr in allen Teilen kontrollierbar. Trotzdem braucht es, um eine gute Leistung zu erbringen, ein gewisses Erregungsniveau – ansonsten würde ein Vortrag evtl. ziemlich fad wirken. Lampenfieber wird meist während des Vortrags schwächer, wenn Sie gut vorbereitet sind. Versuchen Sie, das zu spüren und sich bei späteren Vorträgen in Erinnerung zu rufen, dann werden Sie zwar die Anspannung noch spüren, jedoch weniger Angst empfinden.

Lampenfieber kann sowohl positive wie auch negative Auswirkungen haben:

 Negative Auswirkungen können sich auf vier Ebenen manifestieren

- Motorisch (zittrige Knie, Stottern, Verkrampfung etc.)
- Physiologisch (Schweiß, Herzklopfen, erhöhte Atemfrequenz etc.)
- Kognitiv (Blackouts, Denkblockaden, negative Selbstkommunikation etc.)
- Emotional (Angst, Schlaflosigkeit etc.)

 Positive Auswirkungen können sein

- Mehr Spannung und Konzentration
- Mehr Kraft
- Aktivierung des Organismus
- „Aufputschmittel"

Tipps gegen Lampenfieber

1. Gute Vorbereitung
   Antizipieren Sie die Situation, mögliche Fragen oder Probleme
   Üben Sie mehrmals!

2. Entspannungs- und Atemübungen

3. Positive Einstellung, Autosuggestion
   „Ich freue mich auf den Vortrag. Ich bin gut vorbereitet."

4. Zuerst spezielle Ziele festlegen
   Ein bis zwei Hauptpunkte benennen

2. Versetzen Sie sich in die Lage des Publikums
   Reden Sie in der Sprache der Zuhörer

3. Nichts auswendig lernen, nichts ablesen
   Seien Sie so spontan wie möglich
   Strukturieren Sie mit kurzen Notizen den Vortrag

4. Jeweils eine Person ansehen und ansprechen
   Halten Sie Blickkontakt maximal 15 Sekunden

5. Konzentration auf das, was vermittelt werden soll

6. Es langsam und locker angehen
   Das Publikum muss die Informationen verarbeiten
   Perfektion ist unrealistisch und die Erwartung setzt Sie unter Druck
   „Ich darf Fehler machen"

7. So vortragen, wie Sie normalerweise reden
   Reden Sie wie in einem Gespräch

8. Bitten Sie um Rat und Kritik des Publikums

5.4. Übung: Gruppenkurzvortrag halten

Ein von Tutoren geleitetes Seminar bietet ideale Bedingungen für die Verbesserung Ihrer Fertigkeiten, da alle Teilnehmer gemeinsam durch konstruktive Kritik dazu beitragen können. Idealerweise bereiten Sie den Vortrag in kleinen Gruppen vor, teilen ihn auf und üben Ihn schon mehrfach. Der Vortrag vor dem Kurs hat das Hauptziel, die Erfahrung des Vortragens vor einer größeren Gruppe zu machen und den Erfolg Ihrer Präsentation (Informationsvermittlung/Eindruck) durch die Rückmeldung der anderen Teilnehmer zu erfahren.

- *Basis* Gewählte Literatur zu einem Thema
- *Zeitliche Vorgabe* Dauer max. 25 Minuten
    - Vortrag: ca. 10–15 Minuten (mindestens 2 ReferentInnen pro Vortrag)
    - Fragen beantworten: max. 5 Minuten
    - Evaluation: 5 Minuten
- *Bewertung* des Vortrags
    - Selbstevaluation durch Vortragende
    - Feedback der Zuhörenden (Feedbackbogen im Anhang)
    - Feedback des Tutors.

6. Literaturverzeichnis

American Psychological Association (Ed.). (2001). *Publication Manual of the American Psychological Association* (5th ed.). Washington, DC: APA.
Bortz, J., & Döring, N. (1995). *Forschungsmethoden und Evaluation.* Berlin/Heidelberg: Springer.
Deutsche Gesellschaft für Psychologie (Hrsg.). (1997). *Richtlinien zur Manuskriptgestaltung. 2., überarbeite und erweiterte Auflage.* Göttingen: Hogrefe.
Flick, U., Kardorff, E., Keupp, H., von Rosenstiel, L. und Wolff, S. (Hrsg.) (1995). Handbuch Qualitative Sozialforschung. Weinheim: BelzPVU.
Ganz, S., Hilti, N., Huber, O., Renz, J., Schulte, M., Teuscher, U., & Wilhelm, P. (2003). *Wegleitung zum Verfassen von Seminararbeiten bzw. Proseminararbeiten: am Departement für Psychologie Universität Freiburg (CH) deutschsprachige Lehrstühle.* [on-line]. Verfügbar unter: http://www.unifr.ch/psycho/th_de/Wegleitung_BA.pdf [17.05.2009].
Huber, O. (2005). *Das psychologische Experiment: Eine Einführung* (4. vollständig überarbeitete Auflage), Bern: Hans Huber.
Krämer, W. (1993). *Wie schreibe ich eine Seminar-, Examens- und Diplomarbeit.* Stuttgart: Fischer UTB.
Mayring, P. (2002). Einführung in die qualitative Sozialforschung. Weinheim: BelzPVU.
Metzger, C. (1996). *Lern- und Arbeitsstrategien. Ein Fachbuch für Studierende an Universitäten und Fachhochschulen.* Aarau: Sauerländer.
Perrez, M. (1998). Wissenschaftstheoretische Grundlagen der klinisch-psychologischen Intervention. In U. Baumann & M. Perrez (Hrsg.), *Lehrbuch Klinische Psychologie-Psychotherapie* (S. 46–62). Bern/Göttingen/Toronto/Seattle: Hans Huber.
Smith, J. A. (ed.) (2003) Qualitative Psychology: A Practical Guide to Research Methods. London: Sage.
Thiry, M., Ayrault, M.B., & Grisoni, J.C. (2002). *Ground-water silicification and leaching in sands: Example of the Fontainebleau sand (Oligocene) in the Paris basin.* Unpublished manuscript.

7. Anhang: Feedback

Zur Kurzpräsentation von: _____
Datum: _____
Thema: _____

Beurteilung: (+2) ausgezeichnet (+1) gut (0) genügend (-1) zu verbessern (-2) unannehmbar

	+2	+1	0	-1	-2	Bemerkungen
Aufbau						
Allgemeine Organisation						
Reihenfolge/Logik der Aussagen						
Themenrelevanz						
Vorbereitet sein						
Vermittlung						
Geschwindigkeit						
Lautstärke						
Freies Vortragen						
Sicherheit						
Körpersprache						
Blickkontakt						
Auf Publikum eingehen						
Gestik						
Ausdrucksfähigkeit						
Visuelle Hilfsmittel						
Vielfältigkeit/Gebrauch						
Sinnvolle Anwendung						
Integration in Vortrag						

Beurteilung: (+2) ausgezeichnet (+1) gut (0) genügend (-1) zu verbessern (-2) unannehmbar

Andere Bemerkungen: _____
_____
_____